Topos plus **Taschenbücher**
Band 381

Topos plus positionen

Herausgegeben von Wolfgang Beinert

Wolfgang Klausnitzer

Jesus von Nazaret

Lehrer – Messias – Gottessohn

Topos plus Taschenbücher

Topos plus **Verlagsgemeinschaft**

Butzon & Bercker, Kevelaer | Don Bosco, München | Echter, Würzbur
Lahn-Verlag, Limburg Kevelaer | Matthias-Grünewald-Verlag, Main
Paulusverlag, Freiburg Schweiz | Friedrich Pustet, Regensbur
Styria, Graz Wien Köln | Tyrolia, Innsbruck Wie

verlags gruppe engagement

Die Deutsche Bibliothek – CIP-Einheitsaufnahme
Ein Titeldatensatz für diese Publikation
ist bei Der Deutschen Bibliothek erhältlich.

Einband- und Reihengestaltun
Akut Werbung GmbH, Dortmun
Herstellung: Pustet, Regensbur
Printed in Germa

Topos plus - Bestellnummer: **3-7867-8381-0**

Inhalt

Einführung 7

1. Geschichte der Leben-Jesu-Forschung 12
1.1. Anfang und Weichenstellung 17
1.2. Die Blütezeit von Jesus-Biographien und die Vorherrschaft der Liberalen Leben-Jesu-Forschung 21
1.3. Das Scheitern der Liberalen Leben-Jesu-Forschung und die Konsequenz Bultmanns . . . 23
1.4. Die „neue Frage“ nach einer historischen Darstellung Jesu 30
1.5. Jesus als jüdische Möglichkeit 34
1.6. Die „dritte Suche“ nach dem historischen Jesus . . 38

2. Literarische Quellen 41
2.1. Außerbiblische Zeugnisse 41
2.2. Biblische Zeugnisse zu einer Biographie Jesu 49
2.3. Christliche Schriften außerhalb des Kanons des Neuen Testaments 53

3. Religiöse Strömungen im Judentum zur Zeit Jesu 57
3.1. Die Essener 59
3.2. Die Pharisäer 63
3.3. Die Zeloten 65
3.4. Die Sadduzäer 66

4. Historische Aussagen zu Leben und Lehre Jesu 68
4.1. Kriterien zur Entdeckung eines historischen Gesamtbildes 69
4.2. Historische Fakten 75
4.3. Die Grundbotschaft Jesu in den Gleichnissen . . . 84
4.4. Wunder 90

4.5. Ethik 96
4.6. Mahlgemeinschaft 102

5. Die Zentralfrage der Auferstehung 106
5.1. „Natürliche“ Erklärungen der Auferstehung 108
5.2. Elemente einer biblisch begründeten Rede von der Auferstehung Jesu 114

6. Die Bedeutung Jesu von Nazaret für die heutige Zeit 126

Stichwort: Jesus von Nazaret 134
Kleines Wörterbuch 137
Weiterführende Werke 140
Register 142
Bildnachweis 143

Einführung

Es beginnt wie ein Märchen und endet mit einem Justizmord. Vor rund 2000 Jahren lebt in einem Winkel des römischen Weltreiches, in Galiläa, ein jüdischer Handwerker. Er sammelt eine Handvoll von Jüngern und Jüngerinnen, die mit ihm ziehen. Das Volk strömt ihm zu. Seine Predigt in der Öffentlichkeit wird von den jüdischen und römischen Autoritäten gewaltsam unterbunden. Er selbst stirbt den Tod eines Verbrechers am Kreuz, der schimpflichen Hinrichtungsform für nichtrömische Bürger und aufrührerische Sklaven. Seine Anhänger erzählen, er sei ihnen nach dem Begräbnis als ein Lebender erschienen.

Aus der Predigt dieses jüdischen Lehrers und seiner Jüngergemeinde entsteht die zahlenmäßig größte Religion, die es heute auf der Erde gibt. Rund zwei Milliarden Menschen, d. h. etwa ein Drittel der aktuellen Weltbevölkerung, nennen sich Christen, nach dem Beinamen Jesu aus der Stadt Nazaret, der den griechischen Titel „Christos" (der Gesalbte) in den Schriften des Neuen Testaments erhält. „Christos" wiederum ist eine Übersetzung des aramäischen Wortes „Messias", also des in der jüdischen Religion erwarteten Heilbringers am Ende der Geschichte. Kein Mensch hat die Weltgeschichte so verändert wie Jesus von Nazaret. Mehr als dreißig Prozent aller heute lebenden Menschen beziehen sich in irgendeiner Form in ihrem Glauben auf ihn. Mehr noch sind von den Gedanken berührt, die von ihm ausgesprochen und angestoßen wurden. Das gilt nicht nur von der heute gewöhnlich auf der Erde verbreiteten Kalenderrechnung, die sich (nicht ganz genau) von seiner Geburt herleitet. Das ist umso bemerkenswerter, als kein anderer der bedeutenden Religionsstifter sich in einem räumlich so engen Bereich bewegt hat, kein anderer so extrem kurze Zeit gewirkt hat und kein anderer so jung gestorben ist.

Das Leben Jesu und die Zeitumstände seines Wirkens sind

Gegenstand der wissenschaftlichen Forschung. Im Vergleich mit den Gründerpersonen anderer großer Religionen sind die überlieferten Quellen zu Jesus zuverlässiger. Von den Religionen, die heute die „hinduistische" Frömmigkeit kennzeichnen, sind uns keine historischen Gestalten als Stifter bekannt. In der jüdischen Religion werden als Bezugspersonen des Anfangs Abraham und Mose genannt. Wann Abraham genau gelebt hat, wissen wir nicht. Manche vermuten sogar, dass er überhaupt keine historische Person war, sondern dass in dieser Gestalt durch die Jahrhunderte hindurch viele Motive und Erinnerungen zusammengeflossen sind. Ähnlich wissen wir von Mose sehr wenig. Von dem chinesischen Religionsstifter Laotse kennen wir weder die Rahmenbedingungen seines Lebens noch das Jahrhundert, in dem er gelebt hat. Leben und Lehre des historischen Buddhas sind in Schriften überliefert, die erst zwei- bis dreihundert Jahre nach seinem Tod zusammengestellt wurden. Die Angaben über sein Geburtsjahr bewegen sich zwischen 566 und 450 v. Chr. Die erste Biographie Mohammeds (Muhammads) wird über hundert Jahre nach seinem Tod von Muhammad Ibn Ishaq verfasst. Der Mangel an historischem Wissen über die Gründer ist allerdings in den anderen Religionen von keinem großen Belang. Entscheidend ist jeweils die Lehre, nicht die Person. Der historische Buddha hat ausdrücklich davor gewarnt, sich an ihn zu binden. Man kann, wird im Buddhismus gesagt, die Heilserkenntnis durch eigene Einsicht und unter Umständen sogar ohne Kenntnis der Aussagen und der Person des historischen Buddhas finden. In der jüdischen Religion ist die Lehre des Mose, die „fünf Bücher Mose" (der sogenannte „Pentateuch" des Alten Testaments), das von Gott ihm gegebene schriftliche Gesetz (die „Tora"), wichtig und nicht seine Gestalt. Mohammed hat sich immer nur als menschlichen Boten Gottes dargestellt, der nichts Besonderes sei. Der Muslim glaubt nicht Mohammed, sondern er glaubt dem Wort Gottes im Koran, das Mohammed empfangen und weitergegeben hat. Das Christentum hingegen hat – wie keine andere Religion – die Person des Gründers zum Inhalt des Glaubens gemacht. In der Sprache der Theologie heißt das: Der Verkündiger (Jesus von Nazaret) ist zum Verkündigten (zum Messias oder Christus) geworden. Paulus hat deswegen im Römerbrief als die kürzeste Zusammenfassung des christlichen Glaubens die Formel genannt (Röm 10,9): „Jesus (von Nazaret) ist der Herr." Um dies zu zeigen sind die Evangelien niedergeschrieben worden. Das Markusevangelium beginnt (Mk 1,1): „Anfang des Evangeliums von Jesus Christus, dem Sohn Gottes." Das Johannesevangelium endet (Joh 20,31): „Dies ist aufgeschrieben, damit ihr glaubt, dass Jesus der Messias ist, der Sohn Gottes."

Die Antwort auf die Frage, die Jesus selbst an seine Jünger stellt (Mk 8,27.29): „Für wen halten mich die Menschen? Für wen haltet ihr mich?", entscheidet also, ob ein Mensch ein Christ bzw. eine Christin ist (bzw. wird). Petrus legt in den Evangelien für die anderen Jünger, die bei Jesus bleiben, das so genannte Christusbekenntnis ab (Mk 8,29; vgl. Lk 9,20): „Du bist der Messias" (bzw. Mt 16,16: „Du bist der Messias, der Sohn des lebendigen Gottes" bzw. Joh 6,69: „Du bist der Heilige Gottes"). Das macht verständlich, warum es so schwierig ist, eine „objektive" und neutrale Lebensbeschreibung Jesu zu verfassen. Man kann sogar die Frage stellen, ob es so etwas überhaupt geben kann. Für den Glaubenden wird jede Darstellung, die das christliche Bekenntnis nicht erwähnt oder leugnet, von vornherein das „Wesentliche" des Lebens und der Person Jesu verfehlen. Mancher Nichtglaubende hingegen meint vielleicht, er könne mit einer wissenschaftlichen Darstellung des Lebens Jesu das Christentum selbst aus den Angeln heben.

In der Theologie unterscheidet man vier Zugänge zu Jesus von Nazaret:

1. Der irdische Jesus

   Das ist die Zeitspanne der Existenz Jesu von seiner

Geburt bis zu seinem Tod am Kreuz. Davon zu unterscheiden – wenngleich in vielem deckungsgleich – ist:

2. Der historische Jesus
   Dieser Begriff meint die Sammlung der aufgrund heutiger historisch-kritischer Forschung zugänglichen, gesicherten Erkenntnisse zur Person und zu den Ereignissen und Umständen des Lebens und Sterbens Jesu. Wenn man will, kann man sagen: Der historische Jesus ist das historisch-kritische „Skelett“ des irdischen Jesus.

Die Suche nach dem historischen Jesus kann durch Christen und Nichtchristen erfolgen. Eine andere Ebene erreicht das Sprechen von Jesus von Nazaret, wenn man dem Bekenntnis zustimmt: „Jesus ist der Christus (bzw. Messias).“ Dieses Sprechen nennt man in theologischer Begrifflichkeit „Christologie“. Da ein solches Bekenntnis den Christen unterscheidet von anderen Menschen, die diese Gleichsetzung nicht vollziehen, wird die Christologie nur von Christen betrieben. Sie geschieht in zwei Formen, die zwei weitere Zugänge zu Jesus von Nazaret beschreiben.

3. „Christologie von unten“ (Aufstiegs-, Aszendenz-, Erhöhungschristologie)
   Das ist das religiöse oder theologische Nachdenken über den irdischen bzw. den historischen Jesus, also in einer Glaubensperspektive. Man geht aus vom irdischen Jesus und sucht von da einen Zugang zum erhöhten Herrn. Die weitaus meisten theologischen Jesus-Bücher seit dem 2. Vatikanischen Konzil sind in dieser aufstiegschristologischen Sichtweise geschrieben. Das Problem ist, dass der Überstieg manchmal nicht gelingt.
4. „Christologie von oben“ (Deszendenz-, Abstiegschristologie)
   Das ist der klassische Weg der Theologie, der auch heute noch in dogmatischen Lehrbüchern gegangen wird. Ein Beispiel dafür liefert *Romano Guardini* (Der Herr. Über Leben und Person Jesu Christi, Freiburg 1937; jetzt: Mainz [16]1997). Man geht aus von der Glaubenslehre der

kirchlichen Dogmatik, wie sie grundgelegt ist etwa am Beginn des Johannesevangeliums (Joh 1) oder in den Entscheidungen der Konzilien von Nizäa (325), Ephesus (431) und besonders Chalkedon (451), also von der Göttlichkeit, und versucht von dort aus, das wahre Verständnis Jesu als des menschgewordenen Gottessohnes zu erschließen. Auf die Gefahr dieses Ansatzes hat man wiederholt hingewiesen. Die Göttlichkeit wird manchmal so stark betont, dass die Menschlichkeit Jesu Schaden nimmt. Im Ergebnis entsteht daraus zuweilen eine auch theologisch falsche Christologie, die in der Menschlichkeit Jesu nur eine Verkleidung Gottes und jedenfalls keine ernst zu nehmende Wirklichkeit sieht.

Dieses Buch versucht, das christliche Bekenntnis in seiner Gänze ernst zu nehmen: Jesus von Nazaret ist von Gott auferweckt worden und jetzt der erhöhte Herr. Es soll deshalb eine Zusammenfassung dessen gegeben werden, was nach manchen Wegen und Irrwegen der historisch-kritischen Leben-Jesu-Forschung historisch redlich über Jesus und seine Lehre gesagt werden kann. Es ist das Kennzeichen des Christentums, dass es sich nicht auf Märchen, Legenden oder einen Mythos (als Umschreibung überzeitlicher Wahrheiten) beruft, sondern auf Geschichte und eine historische Person. Die Kenntnis der Geschichte Jesu von Nazaret ist deshalb wichtig für das Christentum. Das Geschehen der Auferstehung ist der Grund einer neuen Deutung seiner Person. Die heutige Theologie hat sich verstärkt mit diesem Thema beschäftigt. Diese Diskussion soll ebenfalls vorgestellt werden. Abschließend werden einige Überlegungen dazu vorgelegt, in welcher Form Jesus von Nazaret, der zugleich der erhöhte Herr ist, heute bedeutsam ist. Die Zielgruppe der Darstellung sind Menschen, die keine ausgebildeten Theologen sind. Übrigens ist dies auch die Zielgruppe der Predigt Jesu gewesen.

1. Geschichte der Leben-Jesu-Forschung

„Es ist der Leben-Jesu-Forschung merkwürdig ergangen. Sie zog aus, um den historischen Jesus zu finden, und meinte, sie könnte ihn dann, wie er ist, als Lehrer und Heiland in unsere Zeit hineinstellen. Sie löste die Bande, mit denen er seit Jahrhunderten an den Felsen der Kirchenlehre gefesselt war, und freute sich, als wieder Leben und Bewegung in die Gestalt kam und sie den historischen Menschen Jesus auf sich zukommen sah. Aber er blieb nicht stehen, sondern ging an unserer Zeit vorüber und kehrte in die seinige zurück. Das eben befremdete und erschreckte die Theologie der letzten Jahrzehnte, dass sie ihn mit allen Deuteln und aller Gewalttat in unserer Zeit nicht festhalten konnte, sondern ihn ziehen lassen musste. Er kehrte in die seine zurück mit derselben Notwendigkeit, mit der das befreite Pendel sich in seine ursprüngliche Lage zurückbewegt."

Mit diesen Sätzen beginnt *Albert Schweitzer* seine Zusammenfassung der Leben-Jesu-Forschung des 19. Jahrhunderts. Diese Beschreibung ist gleichzeitig die Erklärung ihres Scheiterns. Sie war unter falschen oder sogar ideologischen Voraussetzungen angetreten. Die Leben-Jesu-Forschung ist ursprünglich ein Kind der Aufklärung. Die von ihr vollzogene Trennung zwischen Jesus und den Evangelien erfolgte nicht aus dem wissenschaftlich-methodischen Ansatz, dass die Evangelien Glaubensschriften sind und als solche gelesen sein wollen, sondern aus dem Verdacht, dass der Jesus, wie er uns in den Evangelien geschildert wird, nicht derselbe sei wie der historische Jesus. Es komme darauf an, so hieß die Devise, ihn aus den Fängen des „Dogmas" zu befreien und ihn darzustellen, wie er wirklich gewesen sei. Albert Schweitzer bemerkt, dass es kein persönlicheres historisches

Unternehmen gebe, als ein Leben Jesu zu schreiben, und dass die Autoren den Büchern, die geschrieben wurden, jeweils ihren ganzen Hass oder ihre ganze Liebe, deren sie fähig waren, eingehaucht hätten.

Die beiden wichtigsten und grundlegenden Bücher des 18. und 19. Jahrhunderts, mit denen die Leben-Jesu-Forschung beginnt, sind mit Hass geschrieben (*Hermann Samuel Reimarus* – gegen Jesus selbst – und *David Friedrich Strauß* – gegen das Christentum). Was auch immer von der vielbeschworenen Voraussetzungslosigkeit und Objektivität der Wissenschaft zu sagen ist: Die Jesus-Bilder zumindest des 19. und weithin auch des 20. Jahrhunderts sind jedenfalls nicht voraussetzungslos. Sie tragen in hohem Maße subjektive Züge. Viele Wissenschaftler und Literaten fanden im vermeintlich historischen Jesus das Bild wieder, das sie sich selbst zuvor von ihm gemacht hatten. Noch schärfer gesagt: Die Suche nach Jesus entdeckt den Jesus, der gerade gebraucht wird.

Das Hauptproblem der Darstellungen zu Jesus ist die Unübersichtlichkeit aufgrund der großen Zahl der Veröffentlichungen. In der Stichwortekartei der Pariser Nationalbibliothek findet sich das Wort „Jesus“ nach der Zahl der Eintragungen an zweiter Stelle, hinter dem Stichwort „Gott“. Allein im 19. Jahrhundert wurden etwa 62.000 Bücher zu Jesus von Nazaret oder zu Fragen, die mit seinem Leben zusammenhängen, geschrieben. Die Zahl der Veröffentlichungen hat im 20. Jahrhundert eher zugenommen. Jesus wird von Philosophen gedeutet, von Journalisten beschrieben, in literarischen Texten verfremdet oder in Jesus-Romanen bis hin zu Science-Fiction-Büchern traktiert und von Tiefenpsychologen analysiert.

Grundsätzlich lassen sich zwei Hauptgruppen der Jesus-Literatur unterscheiden. Die erste Gruppe umfasst Bücher, die Jesus von Nazaret literarisch verwenden, um eine bestimmte und manchmal durchaus mit Jesus zusammenhängende oder von ihm abgeleitete allgemein-menschliche Bot-

Albert Schweitzer (1875–1965) ist der Chronist der Leben-Jesu-Forschung des 19. Jahrhunderts

schaft zu übermitteln. Klassische Beispiele dafür sind die anachronistisch in das Russland des 19. Jahrhunderts übersetzte Geschichte des Lebens Jesu durch *Fjodor Dostoievskij* (Der Idiot, St. Petersburg 1868; deutsch z. B. Zürich [2]1996) oder die literarische Bearbeitung der Passion Jesu durch den griechischen Dichter *Nikos Kazantzakis* (Die letzte Versuchung, Reinbek 1984), die von dem renommierten italoamerikanischen Regisseur *Martin Scorsese* 1988 verfilmt wurde. Einen Einblick in diese Auseinandersetzung mit Jesus gibt *Karl-Josef Kuschel* (Jesus im Spiegel der Weltliteratur. Eine Jahrhundertbilanz in Texten und Einführungen, Düsseldorf 1999). Auch die Filmindustrie greift ähnlich die Person Jesu auf (*Georg Langenhorst*, Jesus ging nach Hollywood. Die Wiederentdeckung Jesu in Literatur und Film der Gegenwart, Düsseldorf 1998).

In dem Jesusroman „Die letzte Versuchung" (Rowohlt Verlag, Reinbek 1988) beschreibt Nikos Kazantzakis die letzten Minuten des sterbenden Jesus, der sich die Frage stellt, ob er richtig gehandelt hat (469f):

„Und sein Kopf sank ermattet zurück. Er empfand einen furchtbaren Schmerz in seinen Händen und Füßen und im Herzen. Sein Auge war klarer geworden, und er sah die Dornenkrone, das Blut, das Kreuz. ... Jesus hing einsam im Raum. Er bewegte den Kopf und sofort entsann er sich, wo er war, weshalb er litt. Eine wilde, beherrschte Freude packte ihn. Nein, er war kein feiger Wicht! Kein Abtrünniger! Kein Verräter! Ehrlich hatte er bis zum Ende ausgehalten, hatte sein Wort eingelöst! ... Seine Jünger leben und herrschen, sie sind über Länder und Meere ausgezogen und haben die frohe Botschaft verkündet. Alles war geschehen, wie es geschehen sollte. Gepriesen sei Gott! Er stieß einen triumphierenden Schrei aus: ‚ES IST VOLLBRACHT!' Und es war, wie er sagte: Alles ist ein Ende und alles ist ein Beginn."

Zu der zweiten und größeren Hauptgruppe von Jesus-Büchern gehören die Veröffentlichungen, die in einem wissenschaftlichen, d. h. historischen, soziologischen, psychologischen, philosophischen, religionswissenschaftlichen oder theologischen Interesse versuchen, die Gestalt Jesu von Nazaret so zu verstehen, wie er sich selbst verstanden hat. Besonders wichtig geworden ist die so genannte Leben-Jesu-Forschung, die historisch-kritisch, also mit den Mitteln der historischen Forschung und in kritischer Absicht, das überlieferte Jesusbild des Christentums untersucht und sich fragt, wie es damals wirklich gewesen ist. Auch hier ist die Literatur nahezu uferlos. Zwei umfassende Darstellungen der Forschungsergebnisse haben vorgelegt *Albert Schweitzer* (Von Reimarus zu Wrede. Eine Geschichte der Leben-Jesu-Forschung, Tübingen 1906; seit der 2. Auflage 1913 heißt die Arbeit: Geschichte der Leben-Jesu-Forschung) und *Walter P. Weaver* (The Historical Jesus in the Twentieth Century, Harrisburg 1999).

Manchmal verschwimmen allerdings die Grenzen. Einen eigenen Platz nehmen Veröffentlichungen ein, die sich als wissenschaftliche darstellen, aber eher in den Bereich der Esoterik gehören. Die „Ergebnisse“ dieser Werke sind allesamt wissenschaftlich nicht haltbar. Dazu gehören etwa die These eines Philologen, „Jesus“ sei die Geheimbezeichnung für einen halluzinogenen Fliegenpilz (Amanita muscaria), der in den Riten der ersten Christen verwendet worden sei, die Behauptung, er sei mit Maria von Magdala und (!) mit Lydia aus Thyatira (vgl. Apg 16,14) verheiratet gewesen und nach dem Überleben der Kreuzigung friedlich in Rom (!) gestorben, oder die sensationell aufgemachte „Information“, Jesus habe in Indien gelebt und sei dort oder gar in Japan (!) begraben. Eine Schneise durch diesen Dschungel abstruser Theorien, die mehr über die Autoren selbst als über den historischen Jesus aussagen, schlagen die informativen und leicht lesbaren Arbeiten von *Josef Dirnbeck* (Die Jesusfälscher. Ein Original wird entstellt, Taschenbuchausgabe:

München 1996) und *Roman Heiligenthal* (Der verfälschte Jesus. Eine Kritik moderner Jesusbilder, Darmstadt 1997).

Die eigentliche Leben-Jesu-Forschung in historisch-kritischer Absicht lässt sich grob in sechs Phasen gliedern.

1.1. Anfang und Weichenstellung

Das Projekt der Leben-Jesu-Forschung beginnt mit *Hermann Samuel Reimarus* (†1768). Der Hamburger Professor für orientalische Sprachen war in Deutschland ein großer Vorkämpfer für die Vernunftreligion der englischen Aufklärung. Für die englischen Aufklärer des 17. und 18. Jahrhunderts (*Edward Herbert Lord Cherbury*, *John Toland*, *Anthony Collins*, *Matthew Tindal*) sind die biblischen Weissagungen und Wunderberichte bestenfalls belanglose Randglossen der eigentlich entscheidenden Aussagen der Vernunftreligion und schlimmstenfalls bedrohliche Hindernisse auf dem Weg, die wahre Religion wiederherzustellen. Reimarus hatte seine Aussagen zu Jesus nur im engsten Freundeskreis zirkulieren lassen. Nach seinem Tod hatte *Gotthold Ephraim Lessing* von 1774–1778 in sieben Fragmenten (besonders wichtig sind das 6. und 7. Fragment „Über die Auferstehungsgeschichte" und „Von dem Zwecke Jesu und seiner Jünger") das Manuskript des Reimarus, ohne dessen Namen zu nennen, veröffentlicht. Vollständig wurden die Thesen erst 1972 (!) in einer zweibändigen Ausgabe mit dem Titel „Apologie oder Schutzschrift für die vernünftigen Verehrer Gottes" (Frankfurt 1972) herausgegeben.

Für Reimarus ist es klar, dass es keine Wunder oder übernatürlichen Vorgänge gibt. Die Berichte der Bibel über Wunder, die Wirklichkeit der Gottesherrschaft oder die Auferstehung müssen also natürlich erklärt werden. Das ist das erste Grundaxiom seiner Darstellung. Das zweite Grundaxiom ist der grundsätzliche Unterschied zwischen der Verkündigung Jesu und dem Christusglauben der Jünger. Der rote Faden zwischen Jesus und den Jüngern sei der Betrug. Jesus sei ein Volksbetrüger gewesen, der ein weltliches Königreich, „das Reich Christi oder des Messias", verheißen habe, der sich allerdings auch selbst getäuscht und am Kreuz seinen Irrtum erkannt habe. Der Auferstehungsbericht sei ein Kriminalfall, mit Leichendiebstahl und Betrug der Jünger. Die Jünger Jesu hätten, um sich nicht wie Jesus als im Grunde gescheitert bekennen zu müssen, den Leichnam gestohlen und, als der Leichnam nach 50 Tagen nicht mehr identifizierbar war, seine Auferstehung und baldige Wiederkunft verkündigt.

Eine grundsätzlich neue Position erreicht die Leben-Jesu-Forschung mit *David Friedrich Strauß* (†1874), dessen Werk „Das Leben Jesu" (2 Bände, Tübingen 1835.1836) in verschiedenen Auflagen großes Aufsehen erregte. Strauß ist – vermittelt durch *Ferdinand Christian Baur* – ein Schüler *Hegels*. Das zeigt sich methodisch z. B. schon daran, dass er seine eigene Deutung des Jesus-Geschehens als Synthese (im Hegelschen Sinn) aus der seiner Meinung nach unzulänglichen Interpretation des „Supranaturalismus", der alle Wundererzählungen wörtlich nimmt, und des „Rationalismus", der alle Wundererzählungen natürlich wegerklärt (Auferweckung als Scheintod, Seewandel als Jüngervision usw.), versteht. In seinem Buch entwickelt er dann folgende Theorie: Der Jesus der Evangelien sei nicht historisch. Die Evangelisten hätten seine Gestalt mit Material ausgeschmückt, das im AT und in der Religionsgeschichte vorlag. Das sei der „philosophische" oder „evangelische" „Mythos". Der Mythos („die absichtslos dichtende Sage") repräsentiere eine Idee oder eine Vorstellung, drücke auch eine Wahrheit aus, aber nicht eine Wahrheit, die sich in der Geschichte einmalig konkretisiere, sondern die sich in der „Idee" abbilde. Der Mythos sei die legitime „geschichtsartige" Einkleidung einer bestimmten Idee. Die Idee des NT sei der Gedanke des Gottmenschen, der Einheit von göttlichem und menschlichem Bewusstsein. Sie sei von den Evangelisten auf Jesus bezogen worden. Das bedeute aber nicht, dass Jesus die einzig mögliche Form der Verwirklichung der Idee sei. Im Gegenteil: Die Idee bilde sich grundsätzlich nie völlig in einem einzelnen Individuum aus, sondern nur in der Menschheit insgesamt. Daraus folgert er, dass die klassischen Attribute Jesu Christi (die Vereinigung von göttlicher und menschlicher Natur usw.) der Menschheit insgesamt, d. h. als Gattung, zuzuweisen seien. Wenn dies erkannt sei, könne man von Jesus absehen. Er sei im Grunde nur eine Hilfskonstruktion, mit der das Prinzip wahrgenommen werde. In anderen Worten: Über Jesus sei – mittels des Mythos – eine Idee gestülpt worden. Diese Idee interessiert Strauß. Herauszuarbeiten, ob es einen historischen Kern in den Evangelien gebe, interessiert ihn nicht.

Bei anderen Schülern Hegels, den so genannten „Linkshegelianern“, wird dieser Gedanke aufgegriffen und radikalisiert. Für *Bruno Bauer* (†1882) steht fest: Vielleicht habe einmal ein Mensch mit Namen „Jesus“ im 1. Jahrhundert gelebt. Das sei aber nicht sicher. Dieser „Jesus“ habe allerdings nichts mit dem zu tun, was in den Evangelien stehe. Die paulinischen Briefe als die frühesten Schriften des Christentums seien im 2. Jahrhundert entstanden. Die Evangelisten, die noch später anzusetzen seien, hätten in Alexandria und Rom die in der Luft liegende Sehnsucht nach einem Erlösermessias literarisch bearbeitet und sich einen „Jesus“, der in Palästina gewirkt habe, phantasiert. Das Jesusbild der Evangelisten ist also das Erzeugnis der schöpferischen Vorstellungskraft dieser Autoren.

Ähnlich argumentiert *Arthur Drews* (†1935). Der Professor für Philosophie an der Technischen Hochschule Karlsruhe ist der Auffassung, dass ein historischer Jesus mit Sicherheit nicht existiert habe. Seine These lautet: Alle Personen, die den „Jesus“ der Evangelien umgeben, und dieser selbst seien Erfindungen, modelliert nach den Mythen, Göttern und Halbgöttern der zeitgenössischen Religionenwelt. „Jesus“ sei ein vorchristlicher Kultgott einer hebräischen Sekte, die von

Ägypten beeinflusst worden sei, „Petrus" sei die Wiedergabe des listenreichen griechischen Meeresgottes Proteus usw.

Albert Schweitzer hat in der 2. Auflage seiner Geschichte der Leben-Jesu-Forschung dieser Strömung zwei ausführliche Kapitel gewidmet (Kap. 22f.). Als Vertreter nennt er u. a. *Charles François Volney* (†1820), *John M. Robertson* (†1933), *Peter Jensen* (†1936) und *William Benjamin Smith* (†1934). Er unterscheidet vier Fragerichtungen, die seiner Meinung nach in der ganzen Diskussion zu wenig auseinandergehalten wurden. Es sind

- *die religionsphilosophische Frage*: „Welche Stellung nimmt, rein theoretisch betrachtet, die in den Evangelien geschilderte Persönlichkeit Jesu in der christlichen oder einer mehr oder weniger christlich gearteten Religion ein? Inwiefern ist sie deren Fundament oder Element? Welche Folgen müsste ihr eventueller Verlust nach sich ziehen, sei es, dass die moderne Religiosität sie als unbefriedigend oder fremdartig empfindet, sei es, dass ihre Existenz überhaupt zweifelhaft wird?",
- *die religionsgeschichtliche Frage*: Ist es nachweisbar, dass „es an der Wende der Zeitrechnung eine orientalisch-griechisch-jüdische, synkretistische Bewegung" gegeben hat, „die die Idee eines sterbenden und auferstehenden Erlösergottes dachte und dann dazu fortschritt, ihm eine historische Existenz beizulegen, wie sie in den Evangelien geschildert ist"?,
- *die dogmengeschichtliche Frage*: „Die ... Annahmen über die Entstehung des Christentums sind ... daraufhin zu prüfen, ob sie mit den feststehenden Tatsachen der Weiterentwicklung seiner Lehren und Anschauungen in Einklang gebracht werden können", und
- *die literarhistorische Frage*: Lassen sich die Berichte der Evangelien „als Überlieferungen von dem Wirken einer geschichtlichen spätjüdischen Persönlichkeit erklären" oder sind „Kunstprodukte – zu Geschichte erstarrte Mythen oder symbolische Erzählungen – anzunehmen"?

Höhepunkt dieser Kampagne war das Berliner Religionsgespräch des Deutschen Monistenbundes, das am 31. Januar und 1. Februar 1910 im Zoologischen Garten abgehalten wurde. Nur sehr vereinzelt wird diese Meinung, dass es einen historischen Jesus nie gegeben habe, heute noch verfochten. In neuerer Zeit hat sie z. B. *George A. Wells* in mehreren Büchern (etwa: The Jesus Myth, Chicago 1999) verfochten. Er argumentiert, das Leben Jesu, seine Lehre, die Wunderberichte und die Kreuzigung unter Pontius Pilatus hätten Christen erst nach 70 n. Chr. erfunden. Vorher sei Jesus Christus als menschgewordene Weisheit verkündigt worden, wobei Aussagen über den schmachvollen Tod des Gerechten (als des Repräsentanten der Weisheit: Weish 2,20) unter Hinzuziehung von Prophetenstellen (die Lieder vom Gottesknecht in Deuterojesaja oder Sach 12,10) auf eine Kreuzigung hin ausgelegt wurden. Diesen Mythos hätten Petrus, Paulus und die anderen Apostel aufgrund von Erscheinungen, in denen sich ihnen der auferstandene Gekreuzigte gezeigt habe, gepredigt.

1.2. *Die Blütezeit von Jesus-Biographien und die Vorherrschaft der Liberalen Leben-Jesu-Forschung*

Neben dieser Linie in der Leben-Jesu-Forschung (von Strauß zu Drews) gab es den Versuch, echte „Biographien" zu schreiben, die teilweise einen beträchtlichen Umfang hatten. Weil die Autoren viel Phantasie einbrachten, spricht man von Jesus-Romanen. Dazu gehören *Carl Friedrich Bahrdt* (†1792) und *Karl Heinrich Venturini* (†1849). Beide vertreten die Auffassung, Jesus sei Mitglied des Essener-Ordens gewesen, habe in dessen Auftrag gewirkt und habe eine Vernunftreligion angestrebt. Venturini ist wohl auch der erste, der eine Liebesromanze in seine Darstellung einbaut. Jesus sei mit Maria von Betanien liiert gewesen.

Neuere Bemühungen dieser Art konzentrieren sich eher auf Maria von Magdala. Der bekannteste Autor dieser Richtung ist *Ernest Renan* (†1892). Sein Buch „La vie de Jésus" (Das Leben Jesu) (Paris 1863) erlebte in drei Monaten acht Auflagen. Renan rechnet für die öffentliche Wirksamkeit Jesu mit achtzehn Monaten und zeichnet eine innere Entwicklung:

Am Anfang (erster Akt) steht der milde Jesus, der in Galiläa das Reich Gottes auf Erden realisieren möchte. Er sammelt eine Gruppe von Männern und Frauen um sich, alle jung wie er, alle voller Idealismus wie er. Wohin er kam, wurden Feste gefeiert. Renan beschreibt das auch: Die Landschaft blüht auf, der Himmel öffnet sich, Lachen und Freundschaft beherrschen die Szene.

Zweiter Akt: Aufgrund seines Jerusalemaufenthaltes und der dort erfahrenen Ablehnung verliert Jesus die Unbefangenheit des Anfangs. Seine Rede wird hart. Er verkündet das drohende Reich der Apokalypse. Das Szenario wird dunkel. Jesus begreift, dass er für seine Predigt in den Tod gehen muss. Eine merkwürdige Sehnsucht nach dem Martyrium ergreift ihn.

Im dritten Akt – in der Passion – wird die Bühne immer düsterer. Alle verlassen ihn. Jesus stirbt. Am Schluss spekuliert Renan, ob Jesus am Kreuz nicht vielleicht ein Bedauern gespürt habe über ein verpfuschtes Leben und eine Familie, die er nie hatte. Die einzige Lichtgestalt in diesem Desaster ist Maria von Magdala, deren Schmerz so groß ist, dass sie den Geliebten vor dem Grab herbeihalluziniert. Im Grunde ist das Ganze eine tragische Liebesgeschichte, ein Melodram ohne Happyend.

Die methodische Grundlage und damit die Voraussetzungen der Liberalen Leben-Jesu-Forschung schuf die literarische Erforschung der ältesten Quellen zu Jesus. *Ferdinand Christian Baur* (†1860), der Begründer der jüngeren evangelischen Tübinger Schule und Verfechter der umstrittenen These, dass sich die christliche Großkirche aus der Synthese zweier ursprünglich in scharfem Gegensatz zueinander stehender Richtungen gebildet habe, nämlich der judenchristlichen mit Petrus als Haupt („Petruspartei") und der heidenchristlichen mit Paulus als Anführer ("Pauluspartei"), behauptete den zeitlichen Vorrang und damit eine größere geschichtliche Zuverlässigkeit der Synoptiker, d. h. des Matthäus-, Markus- und Lukasevangeliums, vor dem Johannesevangelium. *Heinrich Julius Holtzmann* (†1910) (Die synoptischen Evangelien. Ihr Ursprung und geschichtlicher Charakter, Leipzig 1863) setzte die von *Gottlob Wilke* und *Christian Hermann Weiße* entwickelte Zwei-Quellen-Theorie im wissenschaftlichen Diskurs durch. Das Markusevangelium, das bisher im Schatten des Interesses gestanden hatte, und eine erst durch die Wissenschaft rekonstruierte Quelle von „Sprüchen" (Logien) Jesu, die Logienquelle Q, galten nun als die ältesten und im Wesentlichen vertrauenswürdigen Quellentexte für den historischen Jesus. Für Holtzmann bot Mk eine plausible Biographie, wenigstens in groben Zügen. Zunächst habe Jesus in Galiläa gewirkt. Dort habe sich auch sein messianisches Bewusstsein gebildet. Der Wendepunkt sei dann in Mk 8 beschrieben, als Jesus sich den Jüngern bei Cäsarea Philippi als Messias zu erkennen gegeben habe. Die aus der Logienquelle gefundenen authentischen Worte Jesu wurden dann in den biographischen Rahmen eingefügt, den das Markusevangelium schildert.

1.3. *Das Scheitern der Liberalen Leben-Jesu-Forschung und die Konsequenz Bultmanns*

Zu Beginn des 20. Jahrhunderts geriet die literarisch sehr fruchtbare Tätigkeit der Liberalen Leben-Jesu-Forschung in die Krise. Vier Faktoren spielten hier eine Rolle.

- In seiner zusammenfassenden Darstellung der Ergebnisse dieser Forschung wies *Albert Schweitzer* (†1965) detailliert nach, wie sehr die in diesen Studien entfalteten Jesus-Bilder der jeweilige Widerschein der konkreten humanistischen Überzeugungen der betreffenden Autoren waren. Die Verfasser teilten die Überzeugungen des aufgeklärten ausgehenden 19. Jahrhunderts vom Fortschritt des moralischen Bewusstseins in der Geschichte, vom unbedingten Wert des Individuums, von der rationalen Erklärbarkeit aller Phänomene und vom Vorrang der wissenschaftlich geprägten abendländischen Kultur und fanden in Jesu Person genau die Eigenschaften wieder, die ihnen und ihrer Zeit als höchstes anzustrebendes ethisches Ideal galten. In anderen Worten: Der „Jesus" dieser Autoren war nicht der historische Jesus, sondern eine Projektion des 19. (und 20.) Jahrhunderts.

- Die Fremdheit Jesu, speziell im Gegenüber zum 19. Jahrhundert, hat das grundlegende Buch von *Johannes Weiß* (†1914), Die Predigt Jesu vom Reiche Gottes (Göttingen [1]1892; [2]1900), hervorgehoben. Er war der erste, der ausdrücklich und systematisch die These vertrat, dass das „Reich Gottes" in der Verkündigung Jesu etwas konsequent Eschatologisches, Endzeitliches sei. Jesus habe das Reich Gottes nicht gestiftet. Es werde sich auch innerhalb der Weltgeschichte nicht herausbilden. Das Reich Gottes trete ein mit der nach Jesu Meinung unmittelbar bevorstehenden Ankunft des Menschensohnes – und mit diesem Eingreifen Gottes sei dann die Weltgeschichte an ihr Ende gelangt. Jesu Messianität sei keine gegenwärtige Würde, sondern ein Wechsel auf diese eschatologische Zukunft. Von dieser Einsicht her gewinnt auch Albert Schweitzer seine eigene Position. Jesus habe von Anfang an das Reich Gottes unmittelbar erwartet. Als er seine Jünger aussandte (Mt 10,23), habe er gedacht, er werde sie in dieser Weltzeit nicht mehr sehen. Doch das Reich Gottes sei nicht gekommen. So sei in Jesus der Entschluss gereift, nun nach Jerusalem zu gehen, um dort durch sein Sterben als einen Akt der Sühne für das Volk (Mk 10,45: „als Lösegeld für viele") das Reich Gottes endgültig herbeizuführen

- *William Wrede* (†1906) (Das Messiasgeheimnis in den Evangelien. Zugleich ein Beitrag zum Verständnis des Markusevangeliums, Göttingen 1901) zerstörte das Vertrauen in die Geschichtlichkeit des Markusevangeliums. Er vertrat die These, das Evangelium des Markus habe ein theologisches Programm durchsetzen wollen. Jesus selbst habe sich nicht als Messias verstanden. Erst die christliche Gemeinde habe den Auferstandenen als Messias bekannt. Der Evangelist habe nun dieses nachösterliche Bekenntnis in seiner Darstellung in das Leben des irdischen Jesus eingetragen. Den Widerspruch zwischen dem (unmessianischen) Auftreten Jesu und dem (seiner Deutung nach schon von Anfang an bestehenden) Messiasanspruch habe der Evangelist mittels der Auskunft überbrückt, Jesus habe seinen Jüngern befohlen, ihn nicht in der Öffentlichkeit als „Messias" zu proklamieren („Messiasgeheimnis"). Wrede stellte das Markusevangelium also als eine Schrift heraus, die eine bestimmte theologische Aussage illustrieren wollte. Damit war auch dieses Evangelium nicht mehr eine in den Grundzügen zuverlässige Quelle zu einer Biographie Jesu, sondern – wie die anderen Evangelien auch – einzureihen unter die übrigen Zeugnisse des nachösterlichen Christusbildes.
- *Karl Schmidt* (†1956), neben *Martin Dibelius* und *Rudolf Bultmann* der Begründer der Formgeschichtlichen Methode, arbeitete heraus, dass die Jesus-Überlieferung aus „kleinen Einheiten" bestand, die vor allem durch die Bedürfnisse der jeweiligen Gemeinde geprägt waren. Die Evangelisten und konkret der Verfasser des Markusevangeliums hätten dann aus diesen vorgegebenen Einheiten eine chronologisch und geographisch strukturierte Geschichte geschaffen. Wenn diese Hypothese akzeptiert ist (und sie begann sehr bald ihren Siegeszug in der Exegese), ist es nicht mehr möglich, aus der Reihenfolge der Perikopen im Markusevangelium oder in einem anderen Evan-

gelium psychologisch eine Entwicklung der Persönlichkeit Jesu oder seines theologischen Selbstverständnisses herauszuarbeiten.

Als Ergebnis dieser wissenschaftlichen Einsichten entstand weithin eine Zurückhaltung, ja Skepsis gegenüber der Möglichkeit, eine Biographie bzw. ein Leben Jesu zu schreiben. Durch zwei geistesgeschichtliche Strömungen wurde aus dieser historischen Not eine theologische Tugend gemacht. Auf der einen Seite setzte die von *Karl Barth* nach dem 2. Weltkrieg angestoßene Dialektische Theologie Gott und Mensch (bzw. Welt) in einen scharfen Gegensatz zueinander. „Gott ist im Himmel und du bist auf Erden." Mit diesem von *Sören Kierkegaard* entnommenen Motto hat Barth selbst den Inhalt der Dialektischen Theologie beschrieben. In seiner Auffassung stehen Gott und Welt einander so radikal gegenüber, dass sie sich nur in einem einzigen Punkt berühren, im „Dass" der Menschwerdung Jesu und im „Dass" seines Kreuzes und seiner Auferstehung. Wichtig ist dann nicht, was Jesus selbst getan oder gesagt hat, sondern was Gott an Jesus in Kreuz und Auferstehung getan hat. In theologischer Sprache ausgedrückt: Das neutestamentliche „Kerygma", d. h. die Botschaft von dem Handeln Gottes an Jesus, hat nicht den irdischen Jesus zum Inhalt, sondern den „kerygmatischen" Christus.

Auf der anderen Seite hebt die Existentialphilosophie *Martin Heideggers*, die im 2. Drittel des 20. Jahrhunderts in Deutschland einflussreich wird (und ebenfalls ihre Inspiration von Kierkegaard erhält), hervor, dass der Mensch seine „Eigentlichkeit" erst in der Entscheidung findet. Diese Entscheidung (im christlichen Zusammenhang ist das der Sprung in den Glauben) kann nicht durch objektive Tatsachen, also z. B. ein historisches Wissen, abgesichert werden. Ein von Heidegger geprägter christlicher Existentialismus deutet den Glauben als den Entscheidungssprung im Sinne einer Antwort auf Gottes Ruf im Kerygma von Kreuz und Auferstehung Jesu.

Diese beiden Strömungen kommen zusammen in der Exegese *Rudolf Bultmanns* (†1967). Das Jesus-Buch Bultmanns (Jesus, Berlin 1926) beginnt mit einer Absage: „Denn freilich bin ich der Meinung, dass wir vom Leben und der Persönlichkeit Jesu so gut wie nichts mehr wissen können, da die christlichen Quellen sich dafür nicht interessiert haben, außerdem sehr fragmentarisch und von der Legende überwuchert sind, und da andere Quellen über Jesus nicht existieren. Was seit anderthalb Jahrhunderten über das Leben Jesu, seine Persönlichkeit, seine innere Entwicklung und dergleichen geschrieben ist, ist – soweit es nicht kritische Untersuchungen sind – phantastisch und romanhaft." Und weiter: „Zwar ist der Zweifel, ob Jesus wirklich existiert hat, unbegründet und keines Wortes der Widerlegung wert. Dass er als Urheber hinter der geschichtlichen Bewegung steht, deren erstes greifbares Stadium die älteste palästinensische Gemeinde darstellt, ist völlig deutlich. Aber wie weit die Gemeinde das Bild von ihm und seiner Verkündigung objektiv treu bewahrt hat, ist eine andere Frage. Für denjenigen, dessen Interesse die Persönlichkeit Jesu ist, ist diese Sachlage bedrückend oder vernichtend; für unseren Zweck ist sie nicht von wesentlicher Bedeutung."

Der Befund, dass ein historisches Wissen von Jesus nicht möglich sei, stört Bultmann nicht. Die ihm vorausgehende religionsgeschichtliche Forschung hatte erklärt, dass Jesus religiös und theologisch ins Judentum gehöre. Bekannt geworden ist der Satz von *Julius Wellhausen* (†1918): „Jesus war kein Christ, sondern Jude" (Einleitung in die drei ersten Evangelien, Berlin ²1911, 102). Das Christentum beginnt also erst mit Ostern. In der Tat gibt es ja im NT durchaus einen Strang, der an einem historischen Wissen über den irdischen Jesus zumindest nicht ausdrücklich interessiert ist. Paulus z. B. hat den irdischen Jesus nie gesehen und überliefert auch, abgesehen von einigen wenigen „Herrenworten" (etwa 1 Kor 11,23–25) und dem Hinweis auf die Geburt Jesu „von einer Frau" (Gal 4,4), wenig historische Informationen. In 2 Kor 5,16 („Auch wenn wir früher Christus nach menschlichen Maßstäben eingeschätzt haben, jetzt schätzen wir ihn nicht mehr so ein") scheint er zu bestreiten, dass es von theologischer Bedeutung ist, von Jesus ein Wissen um seine familiär-menschlichen Bindungen, seine Volkszugehörigkeit und seine menschlichen Handlungen und Worte zu haben. Allerdings ist die Stelle nicht ganz eindeutig. Bultmann folgert, dass die Lehre des irdischen Jesus für die christliche Theologie wenig wichtig ist. Seine Gesamtdarstellung des NT (Theologie des Neuen Testaments, Tübingen 1953, 1) beginnt mit dem Satz: „Die Verkündigung Jesu gehört zu den Voraussetzungen der Theologie des NT und ist nicht ein Teil dieser selbst."

In seinem Jesus-Buch beschreibt Bultmann zunächst den zeitgeschichtlichen jüdischen Rahmen der Verkündigung Jesu und verbindet die messianischen Bewegungen innerhalb des Judentums mit der Aktivität Johannes' des Täufers und Jesu. Seiner Meinung nach starb Jesus „wie andere Aufrührer als messianischer Prophet" am Kreuz. Allerdings sei das ein Missverständnis der Verantwortlichen gewesen, denn Jesus habe sich nicht als Messias gesehen. Nach dem Tod Johannes' des Täufers erscheine Jesus als ein eschatologischer Prophet, der die Nähe der Gottesherrschaft ansage. Diese Gottesherrschaft werfe ihre Schatten in die Gegenwart. Die Dämonen ergriffen die Flucht, die Herrschaft des Satans sei überwunden (Lk 10,18). Die Vorbereitung für die Gottesherrschaft bestehe in Buße und Umkehr. Wenn diese Gottesherrschaft komme, sei sie ein übernatürliches Geschehen, das alle Geschichte der Menschheit und der Welt abschließe. Deswegen sei sie nicht die Erfüllung der menschlichen (innerweltlichen) Glückssehnsüchte, sondern das „ganz Andere", Gottes Heil für den Menschen. Jesus habe ein baldiges eschatologisches Drama mit dem Kommen des Menschensohnes, der Auferstehung der Toten und ein himmlisches Gericht über die Menschheit erwartet. Allerdings verweigere er sich der apokalyptischen Spekulation über den genauen Termin dieses Endes. Obwohl er selbst keine Heidenmission betrieben und selbstverständlich das Kommen der Gottesherrschaft für das jüdische Volk erwartet habe (er hat nach Bultmanns Meinung keinen „Universalismus“ vertreten), gebe es doch ein Charakteristikum der Predigt Jesu von der Gottesherrschaft: Kein Jude als solcher, aber auch kein Heide als solcher, d. h. kein Mensch, hat einen Anspruch vor Gott. Jeder Mensch ist gleichermaßen jetzt zur Entscheidung aufgerufen. Das macht die Situation des Menschen aus.

Anders ausgedrückt: Nach Bultmanns Meinung ist das Kommen der Gottesherrschaft nicht ein Ereignis, das gleichsam objektivierbar und innerhalb der Geschichte auftritt. So handle Gott nicht (Dialektische Theologie!). Das Wesentliche der Verkündigung Jesu ist also nicht der Inhalt, der in einer (unter Umständen auch von Jesus selbst geteilten) „mythologischen“ Sprache und Vorstellungswelt ausgedrückt wird (Satan, Dämonen, Auferstehung, Gericht Gottes), sondern der Anruf Jesu und damit letztlich die Beschreibung des Menschen als eines Wesens, das jetzt in der Entscheidung steht (Kierkegaard!). „Das Ereignis des Kommens der Gottesherrschaft ist deshalb nicht eigentlich ein Ereignis im Ablauf der Zeit, das einmal kommt, zu dem man allenfalls Stellung nehmen kann und zu dem man sich auch neutral stellen kann. Sondern ehe man Stellung nimmt, ist man bereits gezeichnet, und nur darum kann es sich handeln, dass der Mensch dies als sein eigentliches Wesen erfasse, in der Entscheidung zu stehen. ... Steht der Mensch in der Entscheidung und charakterisiert ihn eben dies wesentlich als Menschen, so ist ja immer letzte Stunde, und es ist begreiflich, dass für Jesus die ganze zeitgeschichtliche Mythologie in den Dienst dieser Erfassung der menschlichen Existenz trat und er in ihrem Lichte seine Stunde als die letzte erfasste und verkündigte“ (Rudolf Bultmann, Jesus, Ausgabe: Tübingen 1988, 39).

Das Ergebnis des Einflusses, den die Exegese Bultmanns

ausübte, war das fast allgemeine Verschwinden von Veröffentlichungen über den historischen Jesus. *Werner Georg Kümmel* stellt im Rückblick fest (Dreißig Jahre Jesusforschung 1950–1980, hrsg. v. *Helmut Merklein*, Bonn 1985, 1f.), dass seit Mitte der 20er bis zu Beginn der 50er Jahre des 20. Jahrhunderts in Deutschland weithin eine Fehlanzeige zu Jesus-Büchern zu registrieren ist. Ähnliches kann auch von England gesagt werden. Eine gewisse Ausnahme stellen die USA dar.

1.4. Die „neue Frage" nach einer historischen Darstellung Jesu

In den 50er Jahren änderte sich die Situation grundlegend. Den Anfang einer neuen Suche nach dem historischen Jesus kann man ansetzen mit dem berühmten Vortrag „Das Problem des historischen Jesus", den der Bultmannschüler *Ernst Käsemann* am 20. Oktober 1953 auf der Tagung „alter Marburger", d. h. vor Schülern und theologischen Mitstreitern Bultmanns, der in Marburg dozierte, in Ingenheim gehalten hatte. Die Position Bultmanns, die in gewisser Weise einen Befreiungsschlag gegenüber der Liberalen Leben-Jesu-Forschung darstellte, hatte zwei Probleme. Einerseits gestand Bultmann durchaus zu, dass die nachösterliche Christologie, also die Art und Weise, wie die Jüngergemeinde Jesus im NT deutete, durchaus einen (für ihn „impliziten") Anhalt daran gefunden hatte, wie der irdische (und historische) Jesus durch sein Auftreten und seine Verkündigung und zumal durch seinen Anruf an die Jünger zu einer Entscheidung ihm gegenüber eine bestimmte Vollmacht zum Ausdruck gebracht hatte. Allerdings maß er diesem „historischen" Phänomen keine wesentliche Bedeutung zu. Andererseits unterschied er (damit zusammenhängend) zwischen einer sachlichen und einer historischen Kontinuität der Verkündigung Jesu und des Christuskerygmas. Die sachliche Kontinuität bestehe darin, dass beide vor die Entscheidung stellen und eine neue Existenz ermöglichen. Da ein unmittelbarer Zugang zu den historischen Fakten nicht möglich sei und die wenigen historischen Kenntnisse, die wir von der Verkündigung Jesu haben, in mythologischer Sprache überliefert seien, die sowieso „entmythologisiert“ werden müsse, sei eine historische Kontinuität nicht möglich. Sie ist nach Bultmanns Meinung aber auch nicht notwendig. Die sachliche Kontinuität genüge durchaus. Sie erwachse daraus, dass der heute Glaubende durch die Annahme des Christuskerygmas in Gewährung und Aneignung zu einem neuen Selbstverständnis komme.

Ernst Käsemann hat dieser Unterscheidung zwischen sachlicher und historischer Kontinuität entschieden widersprochen. In der Tat ist nicht recht einsichtig, wie die eine ohne die andere erreichbar und vor allen Dingen auch in einer kommunizierbaren Weise (1 Petr 3,15) begründbar ist. Der Anstoß, den Käsemann gab, verdichtet sich in drei Themen.

- Die alte Liberale Leben-Jesu-Forschung hat den historischen Jesus in einen radikalen Gegensatz zu der Verkündigung der frühen Jüngergemeinde und der Kirche gesetzt. Die „neue“ Forschung geht von der Verkündigung des NT und der Kirche aus und fragt, ob die Aussagen zum auferstandenen und erhöhten Christus einen Anhalt oder Grund im Auftreten und in der Lehre des historischen Jesus haben. Diese „Rückfrage nach dem historischen Jesus“ nimmt das neutestamentliche Zeugnis ernst, das sich durchgängig auf eine irdische Gestalt beruft und in allen Evangelien von ihr erzählt. Die Identität des irdischen Jesus und des auferweckten/erhöhten Herrn bzw. Christus ist in *allen* neutestamentlichen Schriften vorausgesetzt. Paulus hat aus dieser Gleichsetzung eine Kurzformel des christlichen Glaubens gemacht (Röm 10,9: „Wenn du mit deinem Mund bekennst: ‚Jesus ist der Herr‘ und in deinem Herzen glaubst: ‚Gott hat ihn von den Toten auferweckt‘, so wirst du gerettet werden“).

- Es wächst die Zuversicht, dass ein historisch-kritisch gesicherter Grundbestand der Jesus-Überlieferung gefunden werden kann. Ernst Käsemann war der Meinung, dass dieses historische Fundament vor allem durch den religions- und traditionsgeschichtlichen Vergleich des überlieferten Jesus-Stoffes gefunden werden könne. Das ist das bekannte „Differenzkriterium" bzw. das „Kriterium der Unähnlichkeit". Im Grunde war das ein Kriterium, das schon Bultmann benutzt hatte. Er hatte es allerdings nur auf die „Logien", d. h. kurze Redepassagen, angewandt, um das Charakteristische der Verkündigung Jesu herauszuarbeiten. Für Bultmann waren diejenigen „Logien" der Rede-Überlieferung auf Jesus zurückzuführen, die sich nicht auf Volksweisheit und -frömmigkeit und auf Traditionen der Schriftgelehrten, der Rabbinen und der jüdischen Apokalyptik zurückführen ließen. (Zusammengefasst heißt das allerdings: All das ist unzweifelhaft jesuanisch, was sich nicht auf das zeitgenössische Judentum gründen lässt. Jesus wird also radikal von seiner jüdischen Herkunft getrennt.) Käsemann hat das Kriterium Bultmanns auf die Evangelienüberlieferung insgesamt ausgeweitet.
- Das Christuskerygma des NT beschreibt Jesus mit christologischen Titeln wie Menschensohn, Messias oder Sohn Gottes. In der Liberalen Leben-Jesu-Forschung war es zu keinem Konsens darüber gekommen, welche dieser Titel Jesus auf sich selbst bezogen und in welchem Sinn er sie selbst verstanden hatte, wenn daran festgehalten wurde, dass sie Bestandteil seiner eigenen Verkündigung waren. Die Forschung der Nach-Bultmann-Zeit konzentrierte sich auf die Untersuchung seines Auftretens und seiner Verkündigung, um zu entdecken, ob eventuell ein impliziter christologischer Anspruch von ihm erhoben wurde, so dass die nachösterliche Christologie verständlich gemacht werden konnte. Bultmann selbst hatte ja von einer impliziten Christologie in Jesu Auftreten und Verkün-

digung im Blick auf den Ruf zur Entscheidung seiner Person gegenüber gesprochen. Seit den 50er Jahren des 20. Jahrhunderts beschreiben die Autoren jeweils Merkmale des Verhaltens und der Predigt Jesu, die sie für historisch halten und die ihn besonders auszeichnen.

Ernst Käsemann (Der Ruf der Freiheit, Tübingen ⁵1972) nennt die Gesetzeskritik Jesu, die die Fundamente *aller* antiken Religiosität und *jedes* religiösen Rituals und Formalismus in Frage stellt. Jesus verkünde den „Ruf der Freiheit".

Günther Bornkamm (Jesus von Nazareth, Stuttgart 1956; ¹⁵1995) hebt die Unmittelbarkeit und Souveränität Jesu hervor, durch die er sich von den zeitgenössischen Strömungen der Apokalyptik und der Kasuistik der Gesetzeslehrer unterscheide. „Jeder Rabbi ist Exeget der Schrift. Dies gibt seinem Amt Autorität, die sich am vorgegebenen Buchstaben der Schrift und der nicht minder autoritativen Auslegung der ‚Väter' auszuweisen hat. So ist ihre Autorität immer eine abgeleitete. Jesu Lehre dagegen ist niemals nur die Auslegung eines autoritativ vorgegebenen heiligen Textes, auch da nicht, wo Schriftworte zitiert werden. Immer ist die Wirklichkeit Gottes und die Autorität seines Willens unmittelbar da und wird so zum Ereignis. Diese Unmittelbarkeit, mit der er lehrt, hat im zeitgenössischen Judentum keine Entsprechung. Sie gilt in solchem Maße, dass er an dem unmittelbar gegenwärtigen Willen Gottes sogar den Wortlaut des Gesetzes zu messen wagt."

Ernst Fuchs (Die Frage nach dem historischen Jesus, in: Zeitschrift für Theologie und Kirche 53 [1956] 210–229) sieht als hervorstechend und unterscheidend in Jesu Verhalten die Inanspruchnahme der Liebe Gottes für die Sünder. Das drücke Jesus auch durch die Gleichnisse aus.

Herbert Braun (Der Sinn der neutestamentlichen Christologie, in: Zeitschrift für Theologie und Kirche 54 [1957] 341–377) meint, dass in Jesus auf paradoxe Weise zwei scheinbare Gegensätze vermittelt und zur Einheit gebracht werden, nämlich die radikalisierte Tora, also das jüdische Gesetz, und die radikale Gnade.

Gerhard Ebeling (Jesus und Glaube, in: Zeitschrift für Theologie und Kirche 55 [1958] 64–110) hebt besonders „Jesu Glauben“ hervor. Dieser Glaube gebe ihm Teilhabe an Gottes Allmacht. „Alles ist möglich dem, der glaubt.“ Das Ganze gemahnt sehr an Martin Luther, wenn Ebeling (unter Bezug auf Mk 5,36) schreibt: „allein der Glaube … vermag zu heilen, zu retten: monon pisteue“ (deutsch: glaube nur)!

Diese „neue“ Frage nach dem historischen Jesus hatte ein herausragendes Interesse. Sie war bestrebt, die Besonderheit Jesu deutlich zu machen und dadurch ein Verständnis dafür zu ermöglichen, wie der Prozess der Christologisierung beginnen konnte. Das Problem dieses Ansatzes war allerdings, dass das Spezifikum Jesu durch Abgrenzung gefunden wurde. Jesus war dort besonders er selbst, wo er der frühchristlichen Gemeinde (einschließlich später als „häretisch“ ausgegliederter Gruppen) und dem Judentum entgegenstand. Gegen diesen Trend bildete sich eine Bewegung heraus, die für das 20. Jahrhundert entscheidende Markierungen gesetzt hat, nämlich die jüdische Beschäftigung mit Jesus.

1.5. *Jesus als jüdische Möglichkeit*

Pinchas Lapide hat festgestellt, dass von 1950 bis 1976 im Judentum mehr Bücher über Jesus veröffentlicht wurden als in den vorausgehenden Jahrhunderten zusammen. Er spricht von einer „Jesuswelle“ und listet 187 Veröffentlichungen auf. Jesus wird allerdings schon früher von jüdischen Autoren als Jude entdeckt.

Der wohl bedeutendste der ersten jüdischen Jesusforscher ist *Claude Goldsmid Montefiori* (The Synoptic Gospels,

2 Bände, London 1909; [2]1927). Er vergleicht Jesus mit den großen jüdischen Propheten. Die alten Propheten hätten sich gegen den Opferkult gewandt, insoweit er sich auf die äußerliche Erfüllung von Regeln und Vorschriften beschränkte. Ähnlich kritisiere Jesus formalisierte und veräußerlichte Riten (Sabbat, Speisegebote, Reinheitsgebote). Er spreche von der kommenden Gottesherrschaft und dem Gericht, dass ihr vorausgehe. In prophetischer Manier, in der sich Jesus zunächst verstanden habe (nach Montefiori kam Jesus erst allmählich zu der Einsicht, dass er der Messias sei), habe er ethische Forderungen verkündet, die für ihn die Eintrittsbedingungen zur Gottesherrschaft darstellten. Nach Montefioris Auffassung hat Jesus keine neue Religion gründen wollen. Das war schon deswegen für ihn nicht vorstellbar, da er ein Weltende als unmittelbar bevorstehend verkündete. „Er war, und wollte bleiben, ein Jude. ... Er setzte das Werk des Amos, des Hosea und des Jesaja fort. Seine Gottesherrschaft ... war ein reformiertes Judentum.“ Montefiori schrieb Jesus ein hohes Maß an Originalität zu. Er hielt ihn auch für einen Propheten.

Joseph Klausner (Jesus von Nazareth. Seine Zeit, sein Leben, sein Wirken, hebräisch 1907; deutsch Berlin 1934) hat eine in jeder Beziehung bahnbrechende Monographie geschrieben. In seinem Buch will er ein Grundproblem lösen: Jesus war ein Jude; dennoch bestand seine spätere Gefolgschaft vornehmlich aus Nichtjuden. Warum hat Israel Jesus abgelehnt? In der Überlieferung des jüdischen Talmud (= der Schriften jüdischer Gesetzeslehrer nach 70 n. Chr.) findet Klausner in polemischer Seitenverkehrtheit vertrauenswürdige Hinweise auf Jesu Auftreten. Er nennt insbesondere die Vorwürfe der Zauberei (Jesus hat Wunder gewirkt und Heilungen vollbracht), der Verführung Israels (er hat für Unruhe gesorgt), der Verhöhnung der Worte des Weisen (er hat eine originale Lehre vorgelegt) und der Hinrichtung nach der Art eines Verbrechers (Kreuzigung). Die Talmudüberlieferung einer unehelichen Geburt (die Legende von einem Vater namens Pandera oder Panthera) hält er für unangemessen und unwürdig. Für Klausner kam Jesus durch die Taufe von der Hand Johannes' des Täufers zu der Vorstellung, er sei der erwartete Messias. Diese Einsicht habe er allmählich den Jüngern mitgeteilt. Mit dem Einzug in Jerusalem habe er sich auch der Volksmenge geoffenbart. Bis zu seinem Tod blieb Jesus in der Sicht Klausners ein Jude. Das zeige seine Lehre, wie sie in der Bergpredigt überliefert werde. So kommt Klausner zu einem paradoxen Ergebnis: Jesus ist für ihn der Extremste und Jüdischste aller Juden. Er personifiziere ein übersteigertes, radikales Judentum. Mit seinem Plädoyer für den Verzicht auf Besitz, seinen Seligpreisungen für die Armen und der Entgegensetzung des reichen Mannes und des armen Lazarus nähere er sich dem Kommunismus (!). Für das jüdische Denken bedeute Jesus eine große und gefährliche Phantasterei. Im Grunde hat Jesus in Klausners Sicht den nationalen Standpunkt Israels zerstört, weil er durch seine nur (!) religiös-ethische Perspektive die Grenzen des Nationalgefühls durchbrach. Deswegen musste sich Israel Jesus verweigern. Für den Juden von heute ist nach Klausners Auffassung Jesus nicht Gott oder der Sohn Gottes, aber auch nicht der Messias oder ein Prophet oder ein pharisäischer Rabbi. Er sei ein großer Morallehrer (auch wenn seine ethischen Vorschriften, die im Angesicht des Kommens des Gottesreiches formuliert werden, nicht genügen, darauf eine Gesellschaft oder eine Kultur zu bauen) und ein Künstler in der Artikulation von Gleichnissen.

Einen sehr eigenwilligen, aber immer wieder aufgegriffenen Beitrag lieferte *Robert Eisler*. Sein Buch mit dem griechischen Titel „Iesous basileus ou basileusas" (2 Bände, Heidelberg 1929.1930), der auf deutsch etwa lautet: „Jesus ein König, der nicht als König geherrscht hat", greift einerseits auf die These des Reimarus zurück, Jesus habe ein weltliches Königreich gründen wollen. Andererseits radikalisiert Eisler diese Position und kombiniert sie mit einer psychischen

Entwicklungshypothese. Zunächst habe Jesus in der ersten Hälfte seines Lebens eine gewaltfreie Lehre vertreten. Spätestens beim Einzug in Jerusalem habe er sich dann anders präsentiert. Die Tempelreinigung sei der Versuch gewesen, mit Gewalt den Tempel zu besetzen. Die Jesusbewegung steht also in dieser Sicht den Zeloten nahe. Sein Tod sei durch diesen Konflikt mit der römischen Besatzungsmacht verursacht worden. Die These von Eisler wirkt weiter bei dem Sozialisten *Karl Kautsky* (†1938), der Jesus als sozialrevolutionären „Rebell" gegen das damals herrschende Gesellschaftssystem gezeichnet hat. In den 60er Jahren des 20. Jahrhunderts hat *Samuel G. F. Brandon* (Jesus and the Zealots. A Study of the Political Factor in Primitive Christianity, Manchester 1967) diese These wiederbelebt mit der Behauptung, Jesus sei ein Revolutionär gewesen, der sich primär gegen die priesterliche Aristokratie gewendet habe. Er sei den Tod eines Zeloten gestorben. Das Markusevangelium habe nach dem Sieg des Titus über die Juden diese politisch gefährliche Erinnerung bewusst vertuschen wollen.

Der bei manchen jüdischen Religionsphilosophen und Literaten des 20. Jahrhunderts (*Martin Buber*, *Schalom Ben-Chorin*, *Pinchas E. Lapide*) nachweisbare Versuch, Jesus als typischen jüdischen Glaubenden und einen Lehrer des Judentums zu reklamieren, der voll und ganz im Rahmen der mosaischen und rabbinischen Gesetzgebung verstanden werden müsse, der diesen Kontext aber auch nie überschritten habe, wird von jüdischen Wissenschaftlern sekundiert. *David Flussner* (Jesus in Selbstzeugnissen und Bilddokumenten, Hamburg 1968) und *Geza Vermes* (Jesus the Jew. A Historian's Reading of the Gospels, London 1973) verwerfen aus diesem Vorverständnis eines nur in jüdischen Kategorien zu begreifenden Jesus konsequent alle Erzählungen des NT, die einen Verstoß Jesu gegen das jüdische Gesetz berichten (etwa das Ährenraufen am Sabbat in Mk 2,23–27 oder die Aufhebung des Unterschieds von reinen und unreinen Speisen in Mk 7,15), als nachträgliche Gemeindebildung oder erklären sie als Missverständnis der Überlieferung. Für Flussner ist Jesus ein gesetzestreuer Jude, dessen Verkündigung (das Liebesgebot, die Überwindung des Vergeltungsgedankens, die Erwartung der Herrschaft Gottes) in all ihren Elementen der jüdischen Tradition entstammt. Vermes situiert Jesus eher in dem charismatisch geprägten Milieu Galiläas, in dem bei Zeitgenossen durchaus Parallelen zu Jesu Auftreten und Lehre zu finden seien.

1.6. Die „dritte Suche" nach dem historischen Jesus

Mit dem Ende der Bultmannschule (einschließlich der Reaktion Käsemanns) beginnt eine neue Phase der Leben-Jesu-Forschung, die bis heute andauert. In der Forschung hat sich für sie der englische Name der „Third Quest" (der „dritten Suche" nach der Liberalen Leben-Jesu-Forschung und dem neuen „Quest", der mit Käsemann anfängt) eingebürgert. Dieser neue Ansatz ist vor allem dadurch gekennzeichnet, dass außerbiblische Quellen verstärkt herangezogen werden, um ein Bild Jesu zu gewinnen. In anderen Punkten herrscht eine große Methoden- und Interessenvielfalt. Ein weiterer gemeinsamer Nenner ist, im Unterschied zum „Differenzkriterium" Käsemanns, die Überzeugung, dass Jesus vor allem durch seinen jüdischen Hintergrund verständlich werde. Man könnte dies ein „historisches Plausibilitätskriterium" nennen: Historisch wahrscheinlich dürfte all dies bei Jesus sein, was im jüdischen Kontext plausibel ist. Folgende Schwerpunkte lassen sich benennen:

Eine Richtung hat ein sozialgeschichtliches Interesse. Ein Initiator dieser Forschung ist wohl *Heinz Schürmann* (Jesus – Gestalt und Geheimnis, Paderborn 1994). Einflussreich geworden ist *Gerd Theißen* (Soziologie der Jesusbewegung. Ein Beitrag zur Entstehungsgeschichte des Urchristentums,

München 1977; Studien zur Soziologie des Urchristentums, Tübingen 1979). Die Autoren verweisen darauf, dass die „Jesusbewegung“ viele Parallelen zu anderen Gruppen im Judentum und in anderen Kulturen aufweist, die ebenfalls auf einen radikalen Wandel der Weltwirklichkeit hoffen. Jedesmal seien diese Gruppen von einer charismatischen Gestalt beherrscht worden, deren Lebens- und Predigtstil Niederschlag gefunden habe im Auftreten der Gemeinschaft, die sich auf diese Person berufen habe. So lassen sich aus dem Leben der urchristlichen Wanderprediger Rückschlüsse ziehen auf die Person Jesu.

Andere Autoren nehmen in christlicher Perspektive die jüdische Jesus-Forschung auf. Es wird darauf hingewiesen, dass es das Anliegen Jesu gewesen sei, das jüdische Volk zu sammeln (*Ed P. Sanders*, Jesus and Judaism, Philadelphia 1985). Da die ersten Anhänger Jesu nach Ostern Juden gewesen seien, bestehe auch eine größere Identität und Kontinuität zwischen dem irdischen Jesus und dem „kerygmatischen“ Christus als z. B. die Liberale Leben-Jesu-Forschung zugestanden habe. Die besondere Stellung Jesu nach Ostern sei nämlich zunächst mit jüdisch-biblischen Bildern beschrieben worden.

Eine Extremposition vertritt *John D. Crossan* (Der historische Jesus, München 1994). Für ihn gehört keines der biblischen Evangelien zu den primären Quellen. Die ältesten Quellen seien festgehalten in den außerkanonischen, d. h. nicht unter die Bücher des NT aufgenommenen, Schriften, also z. B. die älteste Schicht des Thomasevangeliums, das Egerton-Evangelium und das Hebräerevangelium. Dazu zählt er noch die Logien-Quelle und eine Rekonstruktion aus dem Petrusevangelium. Anerkannt wird zunehmend der historische Wert der (zu rekonstruierenden) Logien-Quelle und des so genannten Thomasevangeliums. Eher eine Minderheit stellen Forscher dar, die versuchen, Jesus als einen Prediger zu interpretieren, der keine eschatologischen Vorstellungen, sondern v. a. hellenistische Lebensweisheit verkündet habe. Die überwiegende Mehrheit der Exegeten teilt immer noch die Meinung von Johannes Weiß, dass Jesus nur von der eschatologischen Vorstellungswelt her verstanden werden könne.

2. Literarische Quellen

2.1. *Außerbiblische Zeugnisse*

Adolf von Harnack, einer der Hauptvertreter der Liberalen Theologie, hat einmal gesagt, das, was wir aus außerchristlichen zeitgenössischen (oder wenigstens dem Leben Jesu zeitlich sehr nahestehenden) Quellen über Jesus von Nazaret als Nachricht überliefert bekämen, passe auf eine Seite eines Kollegheftes. Eine aktenkundige Aufmerksamkeit der nichtchristlichen Öffentlichkeit im 1. Jahrhundert ist kaum vorhanden. Für die nichtchristlichen Historiker im 1. oder 2. Jahrhundert spielt die „Sekte der Christen“ keine Rolle. Folgende Quellen kommen oder kämen in Frage:

Römisches Staatsarchiv

Justin (Mitte des 2. Jahrhunderts) und *Tertullian* (2. Hälfte des 2. Jahrhunderts) berichten tatsächlich, dass in den kaiserlichen Archiven Roms die offizielle Registrierung von Josef und Maria (die Zensusakten unter *Quirinius*), die Gerichtsakten über den Prozess Jesu und ein eigener Bericht des *Pontius Pilatus* an Kaiser *Tiberius* existierten und eingesehen werden könnten. Pontius Pilatus kommt übrigens bei Tertullian positiv weg. Tertullian sieht in ihm einen im Grunde etwas hilflosen und überforderten Beamten, der am Schluss seines Lebens zum Christen wurde. In der äthiopischen Kirche wird er sogar als Heiliger verehrt (mit dem Gedenktag am 25. Juni). Erhalten ist von diesen Akten nichts, wenn es denn diese Berichte tatsächlich je gegeben hat. Die Literatur, die unter seinem Namen kursiert, geht mit Sicherheit nicht auf Pontius Pilatus zurück.

Mara bar Sarapion

Der stoische Philosoph *Mara bar Sarapion* schreibt nach 73 n. Chr. (allerdings ist die Datierung strittig) aus römischer Gefangenschaft an seinen Sohn. Angesichts seiner möglichen Verurteilung empfiehlt Mara bar Sarapion die Weisheit als das entscheidende Lebensziel. Er nennt drei Beispiele dafür, dass die Weisheit selbst ewig sei, wenn auch ihre Vertreter verfolgt und getötet werden, nämlich *Sokrates*, den Bildhauer (!), *Pythagoras* und einen „weisen König" der Juden, der seinem Volk neue Gesetze gegeben habe, von „den Juden" aber hingerichtet wurde. Der Name Jesus von Nazaret kommt nicht vor. Offensichtlich ist er aber gemeint. Der Verfasser ist kein Jude und kein Christ. Für ihn ist der „weise König" der Juden ein Weisheitslehrer, wie es sie auch in Griechenland gab. Die Schuld für seine Hinrichtung gibt er „den Juden", die deshalb seiner Meinung nach von Gott „bestraft" wurden. Er bezieht sich hier auf den jüdisch-römischen Krieg von 66–74 n. Chr., von dem auch *Josephus* schreibt. Dieser „weise König" lebt für ihn fort in seiner „neuen" Lehre.

Plinius der Jüngere (61– ca. 120)

C. Plinius Caecilius Secundus schreibt um 111 n. Chr. als kaiserlicher Legat, d. h. als Bevollmächtigter des Kaisers mit der rechtlichen Kompetenz eines Statthalters, aus den Provinzen Bithynien und Pontus in Kleinasien an Kaiser *Trajan*. In seiner amtlichen Korrespondenz mit dem Kaiser will Plinius wissen, wie mit den Christen, die es in der Provinz gab, zu verfahren sei. In diesem Zusammenhang kommt er zweimal auf „Christus" zu sprechen. Wer beschuldigt wurde, Christ zu sein, konnte dies widerlegen, wenn er den Götterstatuen und dem Bild des Kaisers Opfer darbrachte und „Christus lästerte" („Christo male dicere"; wörtlich: Christus gegenüber schlecht reden). Einige frühere Christen beteuerten Plinius, sie hätten nichts Schlimmes getan. Sie seien nur zusammengekommen (an einem festgesetzten Tag vor Sonnenaufgang), „um Christus als ihrem Gott" („quasi Deo"; wörtlich: als ob er ein Gott sei) Lob darzubringen. Das scheint zu bedeuten, dass diese abgefallenen Christen und Plinius Christus zunächst als einen Menschen betrachteten, der im christlichen Kult als Quasi-Gott fungiere.

Tacitus (55/56–ca. 120)

Zwischen 115 und 117 verfasst *P. Cornelius Tacitus* die „Römischen Annalen". Dort berichtet er über die Ursachen des Brandes Roms im Jahr 64 n. Chr., für den Kaiser *Nero* die Christen verantwortlich gemacht habe, um den Verdacht von sich selbst abzulenken: „Aber nicht durch menschliche Hilfeleistung, nicht durch die Spenden des Kaisers oder die Maßnahmen zur Beschwichtigung der Götter ließ sich das böse Gerücht unterdrücken, man glaubte vielmehr fest daran: befohlen worden sei der Brand. Daher schob Nero, um dem Gerede ein Ende zu machen, andere als Schuldige vor und belegte die mit den ausgesuchtesten Strafen, die, wegen ihrer Schandtaten verhasst, vom Volk Chrestianer genannt wurden. Der Mann, von dem sich dieser Name herleitet, Christus, war unter der Herrschaft des Tiberius auf Veranlassung des Prokurators Pontius Pilatus hingerichtet worden; und für den Augenblick unterdrückt, brach der unheilvolle Aberglaube wieder hervor, nicht nur in Judäa, dem Ursprungsland dieses Übels, sondern auch in Rom, wo aus der ganzen Welt alle Greuel und Abscheulichkeiten zusammenströmen und geübt werden." Zusammengefasst gibt er als Nachricht über Christus weiter: „Christus" ist ein Jude („Ursprungsland"), der zur Zeit des Pontius Pilatus (Pilatus war allerdings Präfekt, nicht Prokurator) von der Staatsmacht hingerichtet wurde. Die Anhänger dieser neuen religiösen Bewegung, die aus Judäa stammt, die „Chrestianer", sind zur Zeit des Nero in Rom aktiv.

Suetonius (70–ca. 130)

Der römische Schriftsteller *C. Suetonius Tranquillus* hat zwischen 117 und 122 in acht Bänden die Biographie der ersten zwölf römischen Kaiser von *Cäsar* bis *Domitian* veröffentlicht. Dort heißt es in der Lebensbeschreibung des Kaisers *Claudius*: „Die Juden vertrieb er (= Claudius) aus Rom, weil sie, von Chrestus aufgehetzt (impulsore Chresto), fortwährend Unruhe stifteten." Das passt gut zu Apg 18,2: Paulus kam von Athen nach Korinth „und fand dort einen Juden mit Namen Aquila, aus Pontus gebürtig; der war mit seiner Frau Priscilla kürzlich aus Italien gekommen, weil Kaiser Claudius allen Juden geboten hatte, Rom zu verlassen..." Die Nachricht aus Apg 18,2 scheint zu bestätigen, dass es sich in Rom um christologische Streitigkeiten in der jüdischen Gemeinde gehandelt hat, weil Aquila und Priscilla wenigstens in Korinth Anhänger Christi sind. „Chrestus" in der Notiz des Suetonius ist wahrscheinlich eine Verschreibung von Christus, denn Chrestus ist zwar ein häufiger Sklavenname, aber als Name für einen Juden nicht belegt. Die später auftretende, von Chrestus abgeleitete Bezeichnung für die Christen („Chrestiani") war im 1. bis 3. Jahrhundert durchaus üblich. Tacitus verwendet sie, Tertullian weiß um sie: „Christianus (= Christ) wird, wenn man es deuten will, von (dem griechischen Wort für) Salben abgeleitet. Doch auch wenn es fälschlich ‚Chrestianus' von euch ausgesprochen wird – denn nicht einmal über den Namen seid ihr (= die heidnischen Adressaten von Tertullians Schrift) euch ganz klar..." Das Claudiusedikt erging wohl im Jahr 49. Die manchmal in der Literatur erwähnte Jahreszahl 41 ist unwahrscheinlich.

Das Thallosfragment

Ein sehr indirektes Zeugnis findet sich bei dem Autor *Thallos* (Thallus), der eine umfängliche Geschichte des östlichen Mittelmeerraums vom Trojanischen Krieg bis in seine Gegenwart (etwa das Jahr 52 n. Chr.) verfasst hatte, von der aber nur vier Fragmente bei anderen Autoren (als Zitate von ihm) erhalten sind. Wir wissen nicht einmal, wann genau dieser Thallos gelebt hat. Auch seine Volkszugehörigkeit (Grieche, Römer, Samaritaner?) ist unklar. Jedenfalls erzählt der christliche Schriftsteller *Julius Africanus* (gestorben nach 240 n. Chr.) unter Bezugnahme auf Thallos von einer Sonnenfinsternis, die im Jahre 29 stattgefunden habe. Julius wehrt sich gegen die Meinung des Thallos, diese Sonnenfinsternis habe natürliche Ursachen gehabt; er stellt sie in den Zusammenhang seiner Darstellung der Ereignisse bei der Hinrichtung Jesu und erinnert daran, dass Jesus zum Passahfest, d. h. beim Frühlingsvollmond, gekreuzigt wurde. Bei Vollmond sei jedoch eine Sonnenfinsternis nicht möglich. Ob diese Sonnenfinsternis tatsächlich bei Thallos selbst ebenfalls im Zusammenhang der Kreuzigung Jesu diskutiert wurde oder ob Thallos überhaupt von Jesus gesprochen hat, wissen wir allerdings nicht.

Jüdische Quellen

Der wichtigste jüdische Zeuge für die geschichtlichen Geschehnisse und sozialen Verhältnisse in Palästina zur Zeit Jesu ist *Flavius Josephus*. Titus Flavius Josephus (ca. 37/38–100 n. Chr.), so sein voller Name nach seiner römischen Gefangenschaft und Freilassung, ist der Verfasser zweier Geschichtswerke. Die erste Schrift heißt Bellum Iudaicum („Jüdischer Krieg“), eine Geschichte des jüdisch-römischen Krieges von 66–74, die mit dem Jahr 73 (dem Fall von Masada) abbricht und in sieben Büchern und in griechischer Sprache 75–79 erscheint. Die aramäische Urfassung von etwa 75 ist nicht erhalten. In den Antiquitates Iudaicae („Jüdische Altertümer“), die 93–94 griechisch veröffentlicht werden, beschreibt er in 20 Büchern die Geschichte des jüdischen Volkes von der Urzeit bis 66 n. Chr. Folgende Erwähnungen Jesu finden sich bei ihm: In den *„Jüdischen Alter-*

tümern" (20,200) erzählt er vom „Herrenbruder" Jakobus: „Er (gemeint ist der damalige jüdische Hohepriester Ananos bzw. Hannas der Jüngere; Anm. W. K.) berief einen Gerichtshof von Richtern und ließ ihm einen Mann namens Jakobus, den Bruder Jesu des sogenannten Christus, vorführen sowie einige andere. Er lieferte sie zur Steinigung aus." Im Grunde ist das die Bestätigung der schon im NT (Mk 6,3; Gal 1,19) berichteten Verwandtschaftsbeziehung des Jakobus zu Jesus.

Sehr diskutiert wird das „*Testimonium Flavianum*", das Zeugnis des Flavius (Josephus), das sich ebenfalls in den „Jüdischen Altertümern" (18,64f) findet. Dort heißt es in allen heute existierenden Josephushandschriften: „Zu dieser Zeit lebte Jesus, ein weiser Mann, wenn man ihn einen Menschen nennen darf. Unerhörte Taten vollbrachte er nämlich, ein Lehrer von Menschen, die mit Freude die Wahrheit annehmen, und gewann viele Juden und auch viele Griechen für sich. Er war der Christus. Und als Pilatus auf Betreiben unserer führenden Männer ihn zum Kreuz verurteilte, gaben diejenigen, die ihn zuerst geliebt hatten, nicht auf. Er erschien ihnen am dritten Tage wieder lebend, wie gottgesandte Propheten dies und tausend andere wunderbare Dinge von ihm gesagt hatten. Und noch bis jetzt ist der nach ihm benannte Stamm der Christen nicht verschwunden."

An diesem Text ist manches schwierig. Die Aussage, dass Jesus auch griechische Jünger hatte, widerspricht allem, was wir sonst vom historischen Jesus wissen. Das Christusbekenntnis („er war der Christus"), die Aussage über die Gottesnähe Jesu („wenn man ihn einen Menschen nennen darf") und die Nachricht über die Auferstehung sind für einen Juden, der Josephus bis an sein Lebensende war, nicht vorstellbar. Offensichtlich enthält der Text christliche Interpolationen. Wann sind sie eingefügt worden? *Eusebius von Cäsarea* erwähnt in seiner Kirchengeschichte zu Beginn des 4. Jahrhunderts dieses „Zeugnis" des Josephus. *Origenes* dagegen schreibt in seiner Apologie gegen *Kelsos* (Anfang des 3. Jahrhunderts), dass Josephus nicht an Christus glaubte. Der Einschub muss also zwischen dem 3. und dem 4. Jahrhundert erfolgt sein. Ist der Text zur Gänze eine Interpolation oder ist er eine Überarbeitung eines Grundtextes, den Josephus ursprünglich selbst verfasst hatte? Manches spricht für die zweite Hypothese, wobei es aber kaum mehr möglich erscheint, die historische Urfassung zu rekonstruieren. Die wissenschaftliche Debatte über diesen Text hat noch zu keinen Konsens gefunden. Jedenfalls bringt Josephus (außer in der beiläufigen Bemerkung zu Jakobus und vielleicht in diesem Grundtext zum „Testimonium Flavianum", wenn es ihn denn je gegeben hat) nirgendwo anders in den „Altertümern" eine Erwähnung von Jesus oder den Christen.

Auch die uns heute zugängliche griechische Fassung des „*Jüdischen Krieges*" berichtet in der Darstellung der Vorgeschichte und des Ablaufes des Krieges nichts von Jesus oder von Christen. 1911 bis 1927 haben *Alexander Behrendts* und *Konrad Grass* eine deutsche Übersetzung der slawischen Fassung der Bücher 1–4 des „Jüdischen Krieges" herausgegeben. In dieser slawischen Fassung (genauer gesagt: in der altrussischen, entstanden im 11./12. Jahrhundert) gibt es v. a. im 2. Buch mehrere Passagen zu Jesus von Nazaret, dessen Name allerdings nicht genannt wird. Die dort enthaltenen Informationen entsprechen im Wesentlichen dem Bericht der Evangelien, mit allerdings bemerkenswerten Nuancen. So wird gesagt, Jesus habe den Sabbat nicht gehalten. Er habe 150 Schüler und viele Hörer aus dem Volk gehabt. Pilatus habe ihn nicht verurteilen wollen, da er seine todkranke Frau geheilt habe. Aber die Gesetzesgelehrten hätten Pilatus mit 30 Talenten (!) bestochen, und so habe Pilatus ihn den Juden zur Kreuzigung überlassen. Er sei hingerichtet worden, weil die jüdischen Führer Angst hatten, es könne ein Aufstand gegen die Römer losbrechen, der zu Repressalien der Besatzungsmacht führen werde. Behrendts und Grass hielten die Jesuspassagen für authentisch, d. h. von Josephus selbst verfasst. Andere haben das vehement bestritten. Im Grunde blieb die These von Behrendts und Grass eine Minderheitenposition.

In der *rabbinischen Tradition* (von etwa 70–200 n. Chr.) wird Jesus polemisch gezeichnet. Allerdings wird in der Forschung kontrovers diskutiert, ob die wenigen Nachrichten über Jesus aus den ersten beiden Jahrhunderten alte und zuverlässige historische Traditionen enthalten oder ob erst von späteren jüdischen Bearbeitern der Name Jesus in Berichte aus dieser Zeit eingefügt worden sind, die ursprünglich über ganz andere Personen handelten. Charakteristisch ist ein Text aus dem Traktat *Sanhedrin* (Anfang des 2. Jahrhunderts): „Am Vorabend des Passahfestes henkte man Jesus. Vierzig Tage vorher hatte der Herold ausgerufen: Er wird zur Steinigung hinausgeführt, weil er Zauberei getrieben und Israel verführt und abtrünnig gemacht hat; wer etwas zu seiner Verteidigung zu sagen hat, komme und bringe es vor. Da aber nichts zu seiner Verteidigung vorgebracht wurde, wurde er am Vorabend des Passah gehenkt." Interessant ist, dass die Hinrichtung Jesu (im Einklang mit dem Bericht des Johannesevangeliums) auf den Vorabend des Passahfestes gelegt wird. Die Erwähnungen der Anstiftung zum Aufruhr und der Zauberei beschreiben aus jüdisch-polemischer Sicht Aspekte der Lehre und des Handelns Jesu. Als Todesart werden genannt Steinigung und Kreuzigung (des Leichnams?). Die Suche nach Entlastungszeugen während eines Zeitraums von 40 Tagen soll offensichtlich dem (christlichen) Vorwurf entgegnen, Jesus sei ein übereilter Prozess gemacht worden. Im Fortgang des Textes wird dann erzählt, Jesus habe fünf (!) Jünger gehabt.

Ein eigentliches „Leben Jesu" sind die *„Toledot Jeschu"* (Geschichte Jesu). Wann dieses Buch verfasst wurde, ist unklar. Einige (z. B. *Voltaire*) datieren es – sicher zu Unrecht – auf das 1. Jahrhundert. Wahrscheinlich stammt es aus der nachtalmudischen Zeit, eventuell aus dem 3./4. Jahrhundert. Erwähnt wird es zum ersten Mal von *Agobard von Lyon* (um 826). Diese jüdische Geschichte des Lebens Jesu ist ein sehr bitteres (und in den Worten von Joseph Klausner: ein sehr „unwürdiges") Buch. Jesus stammte, heißt es dort, aus einer illegitimen Verbindung von Maria und Joseph Panderi, einem Juden niedriger Abstammung. Diese Ansicht begegnet schon bei *Kelsos*, einem Philosophen, der um 178 eine Streitschrift gegen das Christentum veröffentlicht und von einem „Panthera" spricht. Bei Kelsos ist dieser Panthera allerdings ein römischer Soldat. Weiter behauptet das Buch „Toledot Jeschu", Jesus habe Zauberkünste gewirkt, sich als Messias ausgegeben und sei als falscher Prophet gehängt worden. Der Gärtner habe seinen Leichnam gestohlen. In der Aufklärung war die Schrift sehr beliebt wegen ihrer Bestreitung der Gottheit Jesu. Das gilt trotz des Faktums, dass dieses Buch die Wunder Jesu nicht – wie die Aufklärung – leugnet, sondern sie durch den Missbrauch des Gottesnamens oder durch Zauberei erklärt. Ob in dieser Schrift Erinnerungen an eine zeitgenössische jüdische Polemik gegen Jesus enthalten sind, ist möglich, jedenfalls nicht unwahrscheinlich. Sie wäre dann eine Gegenfolie zu der Darstellung der Evangelien.

2.2. *Biblische Zeugnisse zu einer Biographie Jesu*

In Frage kommen hauptsächlich nur die Evangelien, näherhin die Synoptiker. Das Johannesevangelium ist für Geschichtsinformationen eher sekundär bedeutsam. Es bietet unter den vier Evangelien eindeutig die am stärksten von der Auferstehung her gedeutete Darstellung Jesu von Nazaret, die noch dazu ganz bewusst von einer entschiedenen theologischen Vorentscheidung her interpretiert wird. Das zeigt schon der bekannte Johannes-Prolog (Joh 1,1–18), in dem Jesus mittels der Kategorie des „Logos" (griechisch: Wort, Rede) eingeführt wird. Dieser Begriff war in der damaligen jüdischen und griechischen Philosophie wohl vertraut. In einigen Punkten überliefert das Johannesevangelium allerdings Informationen, die durchaus historisch sein können:

- Jesu erste Jünger waren ehemalige Jünger Johannes' des Täufers (Joh 1,35–39).
- Andreas, Petrus und Philippus kamen aus Betsaida (1,44).
- Jesus hat bestimmte politische Hoffnungen geweckt. Auch seine Hinrichtung scheint aufgrund politischer Motive (und/oder Befürchtungen) veranlasst worden zu sein. Das ist im Johannesevangelium präziser formuliert als in den anderen Evangelien (6,15; 11,47–53; 19,12).
- Das Johannesevangelium erzählt nicht von einem jüdischen Prozess gegen Jesus, sondern von einem Verhör vor dem Hohenrat, das dem Verfahren vor Pilatus erst den Weg bereitete (18, 19–27; 18,28 – 19,16).
- Im Zeitablauf, den das Johannesevangelium von der Passion und der Kreuzigung gibt, starb Jesus vor dem Passahfest (18,18; 19,31).

Paulus oder auch die übrige neutestamentliche Briefliteratur handeln kaum über den irdischen Jesus. Von ganz wenigen Beispielen abgesehen erscheinen hier keine Äußerungen Jesu (sogenannte „Herrenworte") oder Berichte über Jesus. Allerdings hat das geschichtliche Interesse der Synoptiker eine Grenze, die es zu beachten gilt. Die Synoptiker (wie auch das Johannesevangelium) bieten kein Leben Jesu von der Geburt bis zum Tod. Im Mittelpunkt ihres Interesses steht das öffentliche Wirken Jesu von der Taufe durch Johannes den Täufer bis zum Kreuz. Bei Mk ist dies ganz deutlich. Mt und Lk schicken zwar ihren Darstellungen eine sogenannte „Kindheitsgeschichte" voraus und bringen damit ein gewisses biographisches Interesse zum Ausdruck, aber die Aufmerksamkeit ist dort fast ausschließlich auf die Geburt gerichtet. Im übrigen sind diese beiden Kindheitsgeschichten so stark von biblisch-theologischen Motiven durchsetzt, dass sie als historische Quellen kaum verwertet werden können. Gerade Auskünfte, die für eine Biographie wichtig wären, bleiben ausgespart, etwa Angaben zu seiner Erziehung, Jugend, Berufsausbildung, seinem Aussehen usw. Sie fehlen überhaupt grundsätzlich in den biblischen Quellen. Später werden sie reichlich nachgeliefert, vor allem in apokryphen Evangelien und Apostelakten, die sich intensiv mit diesen Themen beschäftigen. Das Faktum, dass diese apokryphen Schriften nicht in den Kanon aufgenommen wurden, lässt erkennen, was den frühen Christen an der Person Jesu wichtig war – und was nicht.

In den apokryphen Evangelien wird berichtet über Jesu Äußeres, seine Kleidung, seine Ess- und Trinkgewohnheiten. Fisch sei seine Leibspeise gewesen und Wein habe er gern getrunken, sagen einige Apokryphen, während andere behaupten, er sei konsequent abstinent gewesen. Die Auskünfte über Jesu Äußeres in diesen Schriften lehnen sich an alttestamentliche Bibelstellen an. So wird im Anschluss an Jes 53,2f (der Prophet beschreibt den Gottesknecht: „Er hatte keine schöne und edle Gestalt, … ein Mann voller Schmerzen …") beteuert, dass er keine auffällige Erscheinung, ja hässlich gewesen sei. Unter Bezug auf Ex 2,2 (Mose war „ein schönes Kind" – und Mose gilt als Vorläufer und Hinweis auf Jesus) wird gesagt, er sei von eindrucksvollem Aussehen gewesen. Apokryphe Apostelakten nennen ihn mehrfach den „Schönen". Diese Beschreibungen sind selbstverständlich allesamt ohne jeden historischen Wert. Aus den Evangelien ein Itinerar, d. h. ein Verzeichnis der Reisen und der Aufenthaltsorte in der historischen Reihenfolge, oder eine Chronologie Jesu abzuleiten, ist nicht möglich. Eindeutig ist allerdings der Schwerpunkt seines Lebens und Wirkens in Galiläa, im Land am See Gennesaret. Die Synoptiker berichten, Jesus sei nur ein einziges Mal – zu seinem Leidenspassah – innerhalb seines öffentlichen Auftretens nach Jerusalem gegangen. Auch das könnte ein künstlicher Rahmen sein. Eine Ausnahme bildet vielleicht der Passionsbericht. Er bietet konkrete Personennamen (Kajafas, Pilatus, Simon von Cyrene, Josef von Arimathäa, die Namen der

Frauen unter dem Kreuz), topographische Angaben (Getsemani, Lithostroton, Golgota) und eine plausible Folge von Ereignissen (letztes Mahl, Verhaftung, Prozess, Tod, Entdeckung des geöffneten Grabes) in allen Evangelien.

Insgesamt überliefern die drei synoptischen Evangelien ein recht geschlossenes Bild der Person Jesu und seiner Lehre. Er erscheint als ein Prediger der Endzeit, der durch Worte (Gleichnisse) und Taten (Wunder) die hereinbrechende Herrschaft Gottes verkündet, die sich als Gottes Zuwendung zu den Armen und Sündern darstellt. Wenn die Zwei-Quellen-Theorie der Entstehung der synoptischen Evangelien vorausgesetzt wird, erklärt sie auch die relative Geschlossenheit des synoptischen Jesus-Bildes. Die Theorie besagt in ihrer Grundform, dass Mk das älteste Evangelium war. Mk (oder ein leicht bearbeitetes Markusevangelium) liegt Mt und Lk als gemeinsame Quelle zugrunde. Eine weitere gemeinsame Quelle von Mt und Lk ist die wissenschaftlich postulierte Redenquelle „Q", die sich aus den beiden Evangelien rekonstruieren lässt. Daneben enthalten Mt und Lk jeweils noch eigenständiges Sondergut. Das heißt: In den synoptischen Evangelien liegt ein Jesus-Bild vor, das aus vier unabhängigen Traditionen besteht. Es ist ausgesprochen bemerkenswert, dass das Jesus-Bild in allen diesen Schichten, die sehr alt sind, sachlich übereinstimmt. Diesem Geschichtsbild hat vor kurzem *Klaus Berger* (Im Anfang war Johannes. Datierung und Theologie des vierten Evangeliums, Stuttgart 1997) widersprochen. Er datiert Joh und Mk als die beiden frühesten Evangelien und bezeichnet das Jesus-Bild des Joh als komplementär zu dem der Synoptiker. Eine breite Zustimmung hat diese These nicht gefunden. Die überwiegende Mehrheit der Forscher bezieht sich für die Suche nach dem historischen Jesus vorrangig auf die Synoptiker.

2.3. Christliche Schriften außerhalb des Kanons des Neuen Testaments

Der Kanon der 27 Schriften des NT hat sich in der Christentumsgeschichte erst allmählich herausgebildet und in seinem heutigen Umfang etwa bis 400 n. Chr. durchgesetzt, obwohl noch jahrhundertelang etwa im Osten die Apokalypse und bei *Martin Luther* z. B. der Jakobusbrief umstritten waren. Entscheidend für die Aufnahme einer bestimmten Schrift in den Kanon war nicht immer das Alter. Z. B. ist der 1. Klemensbrief, der nicht in den Kanon aufgenommen wurde, viel älter als der 2. Petrusbrief, der im Kanon enthalten ist. Im Laufe der Entwicklung entstand allmählich ein Konsens über die „Kanonizität" konkreter Schriften. Das wohl entscheidende Kriterium war die Verwendung in der Liturgie, d. h. im Gottesdienst der Gemeinden. Die im Rahmen dieses Prozesses ausgegrenzten Schriften des frühen Christentums heißen „neutestamentliche Apokryphen". Bei den Kirchenvätern war das griechische Wort „apokryphon" (apokryph) meist negativ besetzt zur Kennzeichnung „häretischer" Schriften. In der Literatur wird „apokryph" heute zumeist wertfrei verwendet im Sinne von „nicht zum Kanon gehörig". Seit dem 17. Jahrhundert wird eine Gruppe dieser „Apokryphen" (im neutralen Sinn) besonders hervorgehoben, nämlich die so genannten „Apostolischen Väter", zu denen man heute rechnet den 1. Klemensbrief, die Ignatiusbriefe, den Polykarpbrief, die Didache (die Zwölf-Apostel-Lehre), den Barnabasbrief, den 2. Klemensbrief, den Diognetbrief und den Hirten des Hermas. Schon sehr früh wegen gnostischer Tendenzen verdächtigt und dann aus dem Kanon ausgegrenzt wurden das Thomasevangelium, das wohl Ende des 1. Jahrhunderts entstanden ist (wiederentdeckt um 1945 in Nag Hammadi), der Dialog des Erlösers (2. Jahrhundert), das Ägypterevangelium (1. Hälfte des 2. Jahrhunderts), das Geheime Markusevangelium (wohl aus dem 2. Jahrhundert) und das Petrusevangelium (1. Hälfte des 2. Jahrhunderts). Das Ägypterevangelium und die beiden letztgenannten Texte sind nur in Fragmenten erhalten. Keinem heute bekannten Evangelium zuzuordnen sind zwei Fragmente, der Papyrus Egerton 2 (= das Egertonevangelium) (um 200 n. Chr.) und der Oxyrhynchos Papyrus 840 (um 400 n. Chr.). Einige andere Fragmente werden gewöhnlich drei (manche Forscher sprechen nur von einem) judenchristlichen Evangelien zugeschrieben, die von christlichen Autoren Ende des 2./Anfang des 3. Jahrhunderts erwähnt werden, aber in ihrer Gesamtheit nicht erhalten sind, nämlich das Nazaräerevangelium, das Ebionäerevangelium und das Hebräerevangelium. Die Informationen, die diese nicht im Kanon des NT enthaltenen Schriften zu einem Leben Jesu geben, werden von der heutigen Forschung als historisch nicht sehr zuverlässig betrachtet.

Etwas anders ist die Situation bei der Suche nach so genannten „Agrapha" (von dem griechischen Wort „agraphos" = ungeschrieben). „Agrapha" sind zunächst mündlich überlieferte und dann in Schriften außerhalb des NT, d. h. bei den Apostolischen Vätern, in apokryphen Schriften oder bei Kirchenvätern, *und* im NT außerhalb der Evangelien zitierte Jesusworte. Vereinzelt kommen als Quelle auch neutestamentliche Handschriften in Frage, die manchmal neben Textvarianten zusätzliche Worte Jesu enthalten.

Die Worte Jesu wurden zunächst mündlich tradiert. Manches ist sicher verloren gegangen. Dass es solche „Agrapha" gab, scheint Apg 20,35 zu beweisen. Hier zitiert Paulus ein „Jesuswort": „Geben ist seliger als Nehmen", das sich in den Evangelien nicht findet. Als weitere mögliche „Herrenworte" sind 1 Kor 2,9 („Wir verkündigen, wie es in der Schrift heißt, was kein Auge gesehen und kein Ohr gehört hat, was keinem Menschen in den Sinn gekommen ist: das Große, das Gott denen bereitet hat, die ihn lieben") und Eph 5,14 („Alles Erleuchtete aber ist Licht") vermutet worden. Paulus spielt vereinzelt auf weitere „Herrenworte" an (etwa in Röm 13) oder zitiert sie ausdrücklich (1 Kor 7,10). Einiges wurde sekundär an den Text der kanonischen Evangelien angehängt, z.B. Joh 7,53–8,11, das sich in den ältesten Handschriften des Johannesevangeliums nicht findet. Ein anderes Beispiel für ein Jesuswort, das nicht im heutigen NT steht, ist vielleicht die Perikope vom Mann, der am Sabbat arbeitete (in Kodex D anstelle von Lk 6,5): „An demselben Tag sah er einen Mann am Sabbat eine Arbeit tun. Da sagte er zu ihm: Mensch! Wenn du weißt, was du tust, bist du selig. Wenn du es aber nicht weißt, bist du verflucht oder ein Übertreter des Gesetzes." Einen Klassiker der Forschung nach „Agrapha" hat *Joachim Jeremias* (Unbekannte Jesusworte, Gütersloh [3]1963) geschrieben. Im Wesentlichen bieten diese Stellen, wenn sie überhaupt in der Forschung als echte Jesusworte anerkannt werden, kein neues Material, das das Jesus-Bild grundsätzlich in Frage stellt, das durch historische Rückfrage aus den Synoptikern zu gewinnen ist.

Joachim Jeremias, Unbekannte Jesusworte. Gütersloher Verlagshaus Gerd Mohn (Gütersloher Taschenbücher Siebenstern 376), Gütersloh 1983, hat aus Schriften außerhalb des NT Texte zusammengetragen, die er als Worte des historischen Jesus ansieht bzw. deren Historizität er ernsthaft in Erwägung zieht. Einige Beispiele für diese „Agrapha":

„Wer mir nahe ist, ist dem Feuer nahe; und wer mir fern ist, ist dem Königreich fern" (ebd., 65).
„Niemand kann das Himmelreich erlangen, der nicht durch die Versuchung ging" (ebd., 71).
„Es wird Spaltungen geben und Parteihader" (ebd., 74).
„Die mit mir sind, haben mich nicht verstanden" (ebd., 87).
„Und nur dann sollt ihr fröhlich sein, wenn ihr auf euren Bruder mit Liebe blickt" (ebd., 88).
„Und betet für eure Feinde. Denn wer nicht gegen euch ist, ist für euch. Wer heute fern steht, wird morgen nahe sein" (ebd., 91).

Die beiden neuesten Veröffentlichungen von *John D. Crossan* (The Historical Jesus. The Life of a Mediterranean Jewish Peasant, Edinburgh 1991; deutsch 1994) und *Gerd Lüdemann* (Jesus nach 2000 Jahren. Was er wirklich sagte und tat, Lüneburg 2000), die beanspruchen, kanonische *und* außerkanonische Literatur *gleichermaßen* bei der Rekonstruktion des Jesus-Bildes zu Rate zu ziehen, liefern keine zusätzlichen Informationen, die über das aus den Synoptikern zu gewinnende Jesus-Bild hinausgehen (oder einen Fortschritt gegenüber der Liberalen Leben-Jesu-Forschung darstellen).

3. Religiöse Strömungen im Judentum zur Zeit Jesu

Jede historische Gestalt kann nur von ihrem jeweiligen historischen Kontext her verstanden werden. Die klassische, von Josephus stammende Dreigliederung der religiösen Landschaft im Judentum zur Zeit Jesu in Pharisäer, Sadduzäer und Essener wird von der heutigen Forschung sehr stark in Frage gestellt und differenziert. Alle diese genannten Gruppen sind in sich nicht sehr einheitlich. Auch gab es darüber hinaus noch andere Gruppen und natürlich die große Masse des einfachen Volkes. Die religiöse und politische Zerrissenheit Israels zur Zeit Jesu hatte ihren Grund im politischen Wandel aufgrund der Seleukidenherrschaft in Syrien und Palästina. Die Makkabäer (= die Priesterfamilie der Hasmonäer, so genannt nach ihrem Ahnherren *Hasmon*, unter Führung des *Judas Makkabaeus* und seiner Brüder) hatte noch erfolgreich den Fremdherrschern widerstanden (vgl. 1 und 2 Makk). Die folgende Dynastie der Hasmonäer (= der ursprüngliche Name der Makkabäer) hatte es jedoch unternommen, das königliche mit dem hohenpriesterlichen Amt in einer Person zu vereinigen. In dieser Situation entsteht die Bewegung der Chassidim (der „Frommen"), die auch Asidäer genannt werden. Ihr Anliegen ist es, die „Reinheit" und „Heiligkeit" des Volkes Israel, des Gottesvolkes, wiederherzustellen und zu garantieren. Die Chassidim unterstützten deshalb den Widerstand der Makkabäer und widersetzten sich ebenfalls deshalb in ihrer Mehrheit der Königsdynastie der Hasmonäer. Das lag an dem Wandel in der Vorstellung der Heilsverwirklichung, der sich in dieser Zeit ereignet. Diese neue Sicht manifestiert sich in der Apokalyptik, die im Zusammenhang mit den Chassidim gesehen werden muss. Literarisch ist das z. B. festgehalten worden im Daniel- (ca. 168–164 v. Chr.) oder im Henochbuch (etwa 170 v. Chr. oder jünger).

Hatte man bislang das Handeln Gottes in Gericht und Rettung als ein ausschließlich innerweltliches gesehen (deswegen zunächst die Unterstützung des Aufstandes der Makkabäer durch die Chassidim: 1 Makk 2,42; 2 Makk 14,6), so blickte man jetzt auf ein Ende der Geschichte (daher die Skepsis gegenüber dem politischen System der Hasmonäer). Am Ende der Geschichte (so die vorherrschende Theorie der Chassidim) werde sich Gott offenbaren, die Toten (ursprünglich nur die Gerechten, später alle Verstorbenen) aus den Gräbern rufen und zu neuem Leben erwecken und ein individuelles Gericht abhalten, das nach den (guten oder bösen) Werken erfolgen wird. Dieses Eingreifen Gottes wurde für die nahe Zukunft erhofft, da die sich steigernde Bosheit der Welt, so sah es diese Weltdeutung, den richtenden Eingriff Gottes erwarten ließ. Als Retter- oder Richterfigur wurde (typisch jüdisch) nicht Gott selbst gesehen, sondern ein „Menschensohn", der ein himmlisches Wesen ist. Nach Dan 7,13 wird der Menschensohn-Ähnliche zum Hochbetagten (= Gott) gebracht, nach 4 Esra 13,3 (einer späteren Schrift, 1. Jahrhundert n.Chr.?) führt ihn der Sturmwind aus der Tiefe des Meeres hervor. Etwas paradox ist allerdings ein festzustellender Trend: Auf der einen Seite steht in der Apokalyptik eine universalmenschliche, ja geradezu kosmische Perspektive. Auf der anderen Seite sind es immer Restgruppen, Partikulärgemeinschaften in Israel, die sich als Träger dieser heilswirksamen Einsichten und Offenbarungen begreifen. Diese chassidisch-apokalyptischen Gemeinden sind zur Zeit Jesu nicht mehr existent. Aber die in ihnen gelebte und realisierte Mentalität besteht fort. Jede der verschiedenen Gruppen zur Zeit Jesu ist von ihr geprägt.

3.1. Die Essener

Im NT sind die Essener nirgendwo namentlich erwähnt. Seit den Handschriftenfunden von 1947 der monastischen Gemeinde von Qumran ist das Interesse an den Essenern stark gewachsen. Allerdings sollte man beachten, dass die Gruppe von Qumran nicht typisch für andere essenische Gemeinschaften ist, die es verstreut im Lande gegeben haben mag. Manche Autoren ordnen die Qumranleute sogar den Sadduzäern zu. Die Gruppe der Essener entsteht im 2. Jahrhundert v. Chr. Dass es sie gegeben hat, hat schon Josephus überliefert, der von der „philosophischen Schule der Essener" spricht. Nach seiner Auskunft lebten die Essener teils ehelos, teils verheiratet, ohne eigenen Besitz, in einer gewissen Hierarchie verstreut in den Städten des Landes. Das passt nicht ganz zu Qumran, das ein streng monastisches „Kloster" war, wenigstens in seinem Kernbestand. Nach dem Bericht des Josephus hätten die Essener mit einem Weiterleben der Seele nach dem Tode, dem Himmel für die Guten und der Hölle für die Schlechten gerechnet. Den konkreten Tempelkult in Jerusalem lehnen sie ab.

Die Gründung der Gemeinschaft von Qumran dürfte zwischen 150 und 100 v. Chr. erfolgt sein, initiiert von einem Jerusalemer Tempelpriester (?), dem „Lehrer der Gerechtigkeit". Dieser Priester, vielleicht sogar ein Hoherpriester, der von den Hasmonäern (einem „Frevelpriester") aus diesem Amt gedrängt wurde, schloss sich wohl mit chassidischen Kreisen zusammen. Das Ziel war die Wiederherstellung der Heiligkeit des Volkes Israel durch Absonderung. Der Sabbat wurde streng beachtet, ja vielfach radikalisiert. So durfte man z. B. Vieh, das in die Grube gefallen war, am Sabbat nicht herausholen. Im Grunde erwartet die Gemeinde drei „Messiase" in der Endzeit, die für sie jetzt angebrochen ist, 1) den „Propheten" (Dtn 18,18f), einen Endzeitpropheten, der Mose gleicht, 2) den Messias Aarons, den Priestermessias, und 3) den Messias Israels, den Königmessias. Den Vorrang hat der Priestermessias. In dem endzeitlichen Krieg der Söhne des Lichtes gegen die Söhne der Finsternis werden die Lichtsöhne mit Gottes Hilfe siegen und alle, die kultisch unrein sind, aus Israel ausrotten.

Die Texte der Gemeinde von Qumran sind seit der ursprünglichen Entdeckung im Jahr 1946 oder 1947 in zunächst einer und inzwischen mehreren Höhlen vielfach erforscht und kommentiert worden. Eine verständlich kommentierte Ausgabe bieten Michael Wise – Martin Abegg – Edward Cook, Die Schriftrollen von Qumran. Übersetzung und Kommentar, mit bisher unveröffentlichten Texten hrsg. v. Alfred Läpple. Pattloch Verlag, Augsburg 1997.

Die „Kriegsrolle" beschreibt den Endzeit-Krieg, den die Söhne des Lichtes gegen die Mächte der Finsternis ausfechten (ebd., 168f): „Dann werden die Söhne der Gerechtigkeit leuchten bis an alle Enden der Welt und werden nicht aufhören zu leuchten bis an das Ende der festgesetzten Zeiten der Finsternis. ... Am Tag ... wird eine Schlacht stattfinden und ein schreckliches Gemetzel vor dem Gott Israels, denn es ist ein Tag, der von Ihm bestimmt wurde von jeher als ein Kampf der Vernichtung für die Söhne der Finsternis. An jenem Tag werden die Gemeinschaft der Götter und die Gemeinschaft der Menschen einander angreifen und es wird in einem großen Blutbad enden. Die Söhne des Lichtes und die Streitkräfte der Finsternis werden miteinander kämpfen, um die Stärke Gottes mit dem Gebrüll einer großen Menge und dem Geschrei von Göttern und Menschen zu zeigen; ein Tag der Katastrophe."
Die Gemeinde von Qumran verschärft die Sabbatgesetze, wie ein Fragment belegt (ebd., 296):
„Laßt keinen ein Gefäß oder Speise vor sein Zelt hinaus nehmen am Tag des Sabbats. Laßt keinen ein Tier herausheben, das gefallen ist ins Wasser am Tag des Sabbats. Doch wenn es ein Mann ist, der hineingefallen ist ins Wasser am Tag des Sabbats, so soll man seine Kleidung zu ihm ausbreiten, um ihn damit herauszuziehen, doch er darf kein Hilfsmittel tragen, um ihn damit herauszuziehen am Tag des Sabbats."

Blick auf die Klosterruinen der Gemeinschaft von Qumran

In welcher Beziehung steht Jesus zu den Essenern? Die Überlieferung der Evangelien nennt ihren Namen nicht. Das kann damit zusammenhängen, dass es in dem hauptsächlichen Wirkungsgebiet Jesu, in Galiläa, keine Essener gegeben hat. Wahrscheinlicher ist die Annahme, dass die Essener, die ihre Lehren geheim hielten und Auseinandersetzungen mit Außenstehenden vermieden, überhaupt kein Interesse hatten, das ganze Volk anzusprechen, so dass sich von daher keine Reibungsflächen mit Jesus oder Ansatzpunkte für seine Verkündigung ergaben. Die Mehrheit der Forscher scheint heute die Auffassung zu vertreten, Johannes der Täufer habe vielleicht mit Qumran in einer gewissen Verbindung gestanden. Aus dem Täuferkreis kommen wieder nach Auskunft des Johannesevangeliums einige der Jünger Jesu. So kann es tatsächlich einen allerdings eher indirekten Zusammenhang zwischen Jesus und Qumran gegeben haben. Darüber hinaus bestehen einige Parallelen zwischen Lehren der Essener und der Verkündigung Jesu (z. B. das Schwurverbot, der Ruf zur Umkehr, die akute Naherwartung des Reiches Gottes). Das kann durch den gemeinsamen chassidisch-apokalyptischen Hintergrund erklärt werden. Ob Jesus selbst den Essenern angehört hat, wissen wir nicht, ist aber zumindest für die Zeit der öffentlichen Predigt Jesu kaum vorstellbar. Drei Elemente seiner Praxis sind nämlich unvereinbar mit essenischen Überzeugungen:

- Sein Lebensstil: Das NT zitiert als Vorwurf der Gegner: „Seht den Fresser und Säufer…“ (Mt 11,19). Das bezieht sich auch auf Jesu Gleichgültigkeit gegenüber dem asketischen Anspruch der essenischen „Auswanderer“ aus Israel.
- Die Sammlung eines Jüngerkreises aus Menschen, die nicht kultisch rein waren (Zöllner, Sünder…).
- Die Predigt von der bedingungslosen Liebe Gottes – auch gegenüber den Sündern.

3.2. Die Pharisäer

Im NT sind die Pharisäer die jüdische Gruppe, die am schärfsten kritisiert wird. Das könnte darin begründet sein, dass sie nach 70 n. Chr. (also nach der Zerstörung des Tempels in Jerusalem) im rabbinischen Judentum am einflussreichsten (oder zumindest sehr wichtig für die Herausbildung des rabbinischen Judentums) geworden sind. Aufgrund ihrer Akzentsetzung konnten sie den Verlust des Tempels besser als andere Gruppen religiös-theologisch verarbeiten. Sie sind wohl ebenfalls aus der Chassidim-Bewegung herausgegangen. Der Name leitet sich ab entweder von „paroschim" (die genau Unterscheidenden) als Anspielung auf die genaue Gesetzesbeobachtung oder von „peruschim" (die Abgesonderten), in diesem Fall wohl als abwertende Fremdbezeichnung, weil sie sich innerlich vom übrigen Volk abgesondert hatten. Die despektierliche Bezeichnung des Volkes als Amme-ha-Arez (Volk vom Land, ungebildetes Volk) stammt vermutlich von ihnen. Eine Anspielung darauf findet sich vielleicht in Apg 4,13 (agrammatoi kai idiotai, ungebildete und einfache Leute – als Beschreibung des Petrus und Johannes vor dem Hohenrat). Doch ihre Absonderung war eine innere Emigration, kein Auszug in die Wüste wie vereinzelt bei den Essenern und kein Abschied vom Tempel. Sie blieben in den Städten und Dörfern und standen in Verbindung mit Jerusalem. Soziologisch gehörten sie zur Mittelschicht und hatten Kontakt mit Levitenkreisen, die ja seit der Königszeit im Kultdienst und in der Verwaltung tätig waren. Ihr Anliegen war die Heiligung des Volkes durch die Übertragung kultisch-ritueller Reinheitsgesetze auf den Alltag außerhalb des Tempels.

Neben das Gesetz, das für alle Juden gleichermaßen verpflichtend und unantastbar war, trat bei den Pharisäern eine Sammlung von Auslegungsbestimmungen, die helfen sollten, es im Alltag zu befolgen. Später wurde diese Sammlung „Überlieferung der Alten" genannt. Sie umfasste zahlreiche

Regeln, die in derselben Weise verpflichtend waren wie die Weisung des Gesetzes. Dazu gehörten verschiedene Sabbatvorschriften, wie z. B. die Festlegung der Schritte, die man am Sabbat gehen durfte, ohne die Sabbatruhe zu verletzen, der „Sabbatweg" (vgl. Apg 1,12). Gegenüber der Naherwartung der messianischen Heilszeit waren sie zurückhaltend bis skeptisch. Was die Pharisäer allerdings genau lehrten, ist nicht einfach zu bestimmen, da sie eine offizielle schriftliche Fixierung ihrer Positionen ablehnten, so dass nicht immer klar ist, ob spätere rabbinische Traditionen einen Anhalt bei den Pharisäern finden. Auf jeden Fall gab es verschiedene Schulen, die im Streit miteinander lagen. Die bekanntesten Schulhäupter jener Zeit waren *Hillel* und *Schammaj*. Hillel galt als Vertreter einer eher großzügigen Gesetzesauslegung; Schammaj stand für eine in der Regel strengere Deutung. Die Pharisäer waren eine Laienbewegung. Josephus berichtet, dass sie im Volk viele Anhänger hatten. Politisch saßen die Pharisäer seit 67 v. Chr. im Hohenrat, allerdings nicht als die einflussreichste Fraktion, waren also in die religiösen Entscheidungsprozesse eingebunden. Das hat sie in den Augen mancher radikaler Gruppen kompromittiert. Die Qumranhandschriften schildern die Pharisäer als Zerstörer des Gesetzes.

In Israel gab es damals den Berufsstand der Schriftgelehrten. Andere Bezeichnungen lauteten Gesetzeskundige (nomikoi – Lk 7,30), Gesetzeslehrer (nomodidaskaloi – Lk 5,17) oder Schriftkundige (grammateis – am häufigsten im NT). Sie waren theologische Lehrer, oft als Leiter theologischer Schulen, und Rechtskundige in einem, da die Bibel als religiöses Buch *und* als Rechtsnorm galt. In den Synagogen wirkten sie als Sabbatprediger. Gewöhnlich hatten sie einen Brotberuf (wie Paulus ursprünglich). Die Mehrheit der Schriftgelehrten gehörte im 1. Jahrhundert n. Chr. zur pharisäischen Partei, wenige zu den Sadduzäern.

Stand Jesus den Pharisäern nahe? Einige Autoren haben diese These vertreten. Die Mehrzahl lehnt sie ab. Allerdings gab es ja innerhalb der Pharisäer verschiedene Schulen. *Klaus Berger* (Jesus als Pharisäer und frühe Christen als Pharisäer, in: Novum Testamentum 30 [1988] 231–262) hat den Unterschied so bezeichnet: Jesus und die Pharisäer wollen den Alltag durch die Beachtung des Willens Gottes heiligen. Die Pharisäer vertreten einen defensiven Reinheitsgedanken. Sie wollen das Volk heiligen, indem sie es davor bewahren, sich durch Unreinheit anzustecken. Jesus verkündet einen offensiven Reinheitsgedanken: Nicht Unreinheit, sondern Reinheit ist ansteckend. Der Hauptgegensatz zwischen Jesus und den Pharisäern scheint allerdings die Einschätzung des Gesetzes zu sein. Mit der typisch pharisäischen Vorstellung, dass der Mensch sich durch gute Werke gleichsam ein Recht vor Gott verschaffen könne, hat Jesus wenig gemeinsam gehabt.

3.3. Die Zeloten

Die Zeloten sind aus dem radikal-strengen Flügel der Pharisäer hervorgegangen. Als die Römer nach 6 n. Chr. Judäa und Samarien unter direkte römische Verwaltung stellten und unter dem ersten Statthalter *Coponius* und dem syrischen Legaten *Quirinius* eine Steuerschätzung durchführten, die als Folge die direkte Steuerzahlung an die Römer hatte, riefen zum Widerstand dagegen auf ein Pharisäer *Sadduk* und ein *Judas* aus der Gaulanitis (auch Judas der Galiläer). In Apg 5,37 wird überliefert, dass Judas der Galiläer gewaltsam ums Leben kam. Er dürfte ebenfalls ein Pharisäer gewesen sein. Josephus nennt ihn „sophistes" (Schriftgelehrter?). Die Bewegung der Zeloten war besonders in Galiläa beheimatet. Ihr Leitbild ist die alttestamentliche Gestalt des Pinchas (Num 25,6–13). Dahinter steht die Idee, dass in Notzeiten, wenn die Heiligkeit Israels gefährdet war, einzelne auch mit Gewalt für diese Heiligkeit eintreten müssten.

Den Namen (Zeloten = Eiferer) haben sie sich wohl selbst gegeben. Ein wichtiges Motiv ihrer Vorstellungswelt ist der heilige Krieg. Eine zunehmende Sympathie gewannen sie bis zum jüdisch-römischen Krieg bei der armen Landbevölkerung. Ein soziales Ressentiment zeigte sich vor allem bei den Sikariern (vom lateinischen Wort „sica" = Dolch, also den „Dolchleuten"), so der Name der späteren Zeloten, die bewusst Terroranschläge zur Destabilisierung der Gesellschaft einsetzten. Sie waren wohl die entscheidenden Initiatoren der Katastrophe, die der Krieg mit Rom für Israel bedeutete. Die Gruppe in Masada, die dort am längsten Widerstand leistete, bestand aus Sikariern. Im Jüngerkreis Jesu gab es mindestens einen (ehemaligen?) Zeloten: Simon der Zelot (Lk 6,15; Apg 1,13). Ob Judas Iskariot ein Zelot war, ist unsicher. Die Lehre des Judas des Galiläers hat Jesus eindeutig abgelehnt (Mk 12,13–17): Der Glaube an Gott hat nicht die notwendige Folge, dem Kaiser (z. B. durch Steuerverweigerung) Widerstand zu leisten. Die von Robert Eisler oder Karl Kautsky vorgebrachte Meinung, Jesus sei ein revolutionärer Bandenführer und die Jesusbewegung ein sozialer Aufstand gewesen, wird heute von der Forschung einhellig zurückgewiesen. Dafür sind die Aussagen Jesu zur Gewaltlosigkeit doch zu eindeutig.

3.4. Die Sadduzäer

Sie sind als Gruppe aus den Evangelien bekannt. In der Hasmonäerzeit waren sie die Parteigänger dieser Dynastie im Gegensatz zu den Chassidim, Essenern und Pharisäern. Zu ihnen gehörten die Vornehmen und Reichen, die Aristokratie und die Angehörigen der hohenpriesterlichen Familien. Von Jesu Geburt bis zum Untergang des jüdischen Staates nach der Eroberung Jerusalems stellten sie jeweils den amtierenden Hohenpriester. Unter den römischen Statthaltern waren sie einflussreich, weil sie mit ihnen kooperierten.

„Israel" war für sie ebenfalls ein heiliger Begriff. Die Heiligkeit Israels war ihrer Auffassung nach garantiert durch den Tempel und die dort dargebrachten Opfer. Als verbindlich galt ihnen wohl nur der Pentateuch. Die pharisäischen Auslegungstraditionen, d. h. die „Überlieferung der Alten", akzeptierten sie nicht. Im Einklang mit dem AT in seinem alten Bestand lehnten sie ab ein Fortleben nach dem Tod bzw. die Auferstehung der Toten (Jesus hat in diesem Punkt der sadduzäischen Lehre widersprochen: Mk 12,18–27) und die Existenz von Engeln oder Dämonen. Das Heil verwirklicht sich diesseitig und innergeschichtlich.

Der Name stammt von *Sadok* (Zadok), einem Priester aus Davids Umgebung (vgl. 2 Sam 15,24 u. ö.), also vom Priestergeschlecht der Sadokiden. So lautet jedenfalls die gängige Ableitung. Ein Teil dieser Sadokiden (die Familie der Oniaden) zog sich nach Ägypten zurück, wo sie um 150 v. Chr. in Leontopolis einen zweiten jüdischen Tempel in Konkurrenz zu Jerusalem errichteten, der ebenfalls 73 n. Chr. zerstört wurde. Ein kleinerer Teil schloss sich vielleicht Qumran an (der „Lehrer der Gerechtigkeit"). Die übriggebliebenen Sadokiden wurden die Stammväter der Sadduzäer. Im Alltag und speziell im Hohenrat scheinen sie sich irgendwie mit den Pharisäern arrangiert zu haben, wohl in einer Vernunftpartnerschaft. Die Sadduzäer hatten die Macht, die Pharisäer den größeren Einfluss auf das Volk. Eine Verbindung Jesu zu den Sadduzäern hat bisher noch niemand behauptet. Dagegen spricht schon die Herkunft Jesu aus Galiläa und jedenfalls nicht aus einer Priesterfamilie am Tempel von Jerusalem.

4. Historische Aussagen zu Leben und Lehre Jesu

Der Jesusstoff, d. h. überlieferte Handlungen und Worte, wurde zunächst mündlich weitergegeben. Jesus sprach Aramäisch oder, genauer gesagt, den galiläischen Dialekt des Aramäischen. An diesem Dialekt, für den eine ungenaue Artikulation der Kehllaute charakteristisch ist, konnten die Galiläer in Jerusalem (etwa Petrus: Mt 26,73) erkannt werden. Jesus hieß in seiner eigenen Sprache Jeschua, seine Mutter Mirjam. Jesus und Maria sind später vorgenommene Gräzisierungen. Die kanonischen Evangelien sind auf Griechisch abgefasst. In der griechischen Übersetzung geht manchmal die Pointe des Aramäischen verloren. Auf Griechisch funktioniert z. B. das Wortspiel Mt 16,18 („Du bist Petros, und auf dieser Petra werde ich…") nicht ganz; auf Aramäisch würde es gehen („Du bist Kepha, und auf dieser Kepha werde ich…"), wenn Mt 16,18 ein Wort des historischen Jesus ist. Hat Jesus Griechisch gesprochen? Das ist nicht ausgeschlossen. In Galiläa war das Griechische, zumal in den beiden größten Städten Sepphoris und Tiberias, durchaus vertraut. Cäsarea Philippi war eine griechische Siedlung, Betsaida (genauer: Betsaida Julia) war zweisprachig. Zwei der Zwölf tragen einen griechischen Namen: Andreas und Philippus. Andererseits hat Jesus während seines öffentlichen Auftretens die Wohnorte der Griechischsprechenden konsequent gemieden.

4.1. *Kriterien zur Entdeckung eines historischen Gesamtbildes*

Trotz aller Probleme des Überlieferungsprozesses, der Sprache und der Übersetzung der ursprünglichen Rede Jesu vom Aramäischen ins Griechische, der theologischen Überhöhung des Jesusstoffes nach Ostern usw. bleiben die (synoptischen) Evangelien die entscheidende Quelle für unser Wissen um den historischen Jesus. Im Unterschied zu den letzten Jahrzehnten des 19. und der 1. Hälfte des 20. Jahrhunderts sind die Historiker und Exegeten heute zuversichtlicher, was ein historisches Wissen von Jesus betrifft. Die Forschung der letzten 40 Jahre hat folgende Kennzeichen oder Kriterien zusammengestellt, die bei der Suche nach einem Gesamtbild des historischen Jesus weiterhelfen sollen.

Das „Unähnlichkeitskriterium" (bzw. „Differenzkriterium")

Eine Tradition ist dann auf Jesus zurückzuführen, wenn sie weder aus dem Judentum abgeleitet noch der Urchristenheit zugeschrieben werden kann. *Ernst Käsemann* hat gemeint, dies sei das einzig gültige und entscheidende Kriterium, das ein kritisch gesichertes Minimum garantiere. Nur das ist tatsächlich jesuanisch, was absolut originell und einzigartig ist. Man hat diesem Kriterium vorgeworfen, es sei antijudaisch oder es beruhe auf einem bestimmten christologischen Konzept der Einzigartigkeit Jesu. In der Tat: Wenn man es absolut setzt, trennt man Jesus von seinen jüdischen Wurzeln und von seiner Zeitgeschichte. Es ist im Grunde ein sehr ungeschichtliches Kriterium, das auch – dogmatisch gesprochen – das Prinzip der Menschwerdung (Inkarnation) nicht ernst nimmt. Wäre Jesus immer originell im Sinne dieses Kriteriums gewesen, hätte er wahrscheinlich keinen einzigen Hörer in Galiläa gefunden. Wenn man dieses Kriterium auf irgendeine andere beliebige Persönlichkeit der Geschichte oder einen Autor von heute anwenden würde, bliebe, vermute ich, in der Regel kaum etwas übrig. Andererseits ist es als Ausgangspunkt der Suche nach dem historischen Jesus durchaus hilfreich.

Das „Kohärenzkriterium"

Dieses Kriterium setzt das „Unähnlichkeitskriterium" fort. Wir sind dann auf der richtigen Spur, wenn überlieferte Worte Jesu durch sein überliefertes Tun gedeckt sind, wenn also Wort und Tat Jesu „kohärent" sind. Wenn Wortüberlieferungen, besonders fordernder Art (z. B. Besitzverzicht, Gewaltlosigkeit usw.), bestehen, die mit einem von ihm berichteten, für ihn typischen Verhalten übereinstimmen, ist es sehr wahrscheinlich, dass sie auf den historischen Jesus zurückgehen. Eine absolute historische Sicherheit gibt dieses Kriterium allein allerdings nicht. Es ist ja von vornherein nicht auszuschließen, dass es in Jesu Verhalten und Lehre auch Entwicklungen gegeben haben mag (wenn man das Wort Widersprüche vermeiden will). In manchen fremdartigen und geradezu sperrigen Jesusüberlieferungen kann durchaus Echtes enthalten sein.

Das „Kriterium der vielfachen Bezeugung"

Dieses Kriterium meint nicht, dass ein bestimmtes Handeln oder ein bestimmtes Wort oft im NT berichtet werden muss. Die Abhängigkeit der Synoptiker voneinander führt zwangsläufig zu vielen Wiederholungen, die selbst noch wenig beweisen. Das Kriterium der vielfachen Bezeugung zielt auf die Worte oder Situationen im Leben Jesu, die mehrfach und durch verschiedene literarische Gattungen (Streitgespräch, Gleichnis, Apophthegma o. ä.) überliefert wurden. Wichtig sind hier die Gleichnisse und die Apophthegmata (von dem griechischen Wort „apophthegma" = Ausspruch), d. h. Aussprüche Jesu mit oder ohne erzählerischem Rahmen. Jesus war ein Virtuose im Erzählen von

Gleichnissen und im Gebrauch von Apophthegmata. Diese kurzen, pointierten, anekdotischen Aussprüche, die jeweils einer konkreten Person zugeschrieben werden, sind als literarische Form im Judentum vor Jesus nicht bezeugt. (In diesem Punkt ergibt sich eine Verbindung mit dem „Unähnlichkeitskriterium".) Ein Beispiel: Das Bild des Reiches Gottes bzw. der Gottesherrschaft findet sich in allen Überlieferungsschichten der Evangelien bis hin zu Apokryphen (wie dem Thomasevangelium) und in allen literarischen Gattungen. Im Grunde ist das „Kriterium der vielfachen Bezeugung" mit dem vorher genannten vergleichbar. Es ist seine Ausweitung.

Anstößige Überlieferungen

Das bezieht sich auf die Worte Jesu, die als hart oder anstößig galten und deswegen im Überlieferungsprozess korrigiert wurden oder in den Hintergrund traten. Sie gehören, so lautet die These, zum historischen Urgestein. Als Beispiel ist zu nennen Mk 2,27: „Der Sabbat ist um des Menschen Willen geschaffen worden und nicht der Mensch um des Sabbats willen." Mt und Lk haben dieses Wort – wegen seiner Anstößigkeit für die Juden? – nicht mehr überliefert. Andere Beispiele sind das Wort Jesu vom Eidverbot, das in der frühen Christentumsgeschichte Schwierigkeiten bereitete und später nie richtig durchgesetzt wurde, oder seine Stellungnahme zur Unauflöslichkeit der Ehe, die innerhalb der Evangelien (von Mk 10,11f zu Mt 5,32: Unzuchtsklausel) schon etwas abgeschwächt wird und so ihre Spitze verliert. Das gilt aber auch von bestimmten Situationen, die als problematisch empfunden wurden. Genannt werden die Taufe durch Johannes den Täufer, der Vorwurf der Juden, er paktiere mit dem Teufel, und der Verrat und die Flucht der Jünger. Anstößig für die spätere Tendenz, Jesus möglichst positiv darzustellen, ist auch die Erzählung, dass seine Verwandten ihn ablehnten oder ihn für verrückt hielten

(Mk 3,21). Allerdings könnte an dieser Stelle auch ein religionsgeschichtliches Motiv der Ablehnung des Propheten oder Gesandten Gottes greifen: Der Vater Zarathustras wollte ihn töten, wird berichtet. Auch Mohammed wird in seiner Heimatstadt Mekka abgelehnt und verfolgt. Dieses Kriterium allein ist sicher ebenfalls schwierig. Die Evangelien sind im Licht der Ostererfahrungen geschrieben. Bestimmte Sätze Jesu, die in der späteren, nachneutestamentlichen Überlieferung nicht wirksam geworden sind, könnten auch den Sinn haben, die absolute, einzigartige, geradezu übermenschliche Rolle Jesu zu unterstreichen – nach dem Motto: Ein Mensch, der so etwas fordert und lebt, muss der Sohn Gottes sein. Oder: Wenn einer der Sohn Gottes ist, dann muss er aus dem allgemein-menschlichen Rahmen fallen.

Der Kreuzestod als Ausgangspunkt der Deutung des Lebens und der Botschaft Jesu

Dieses Kriterium ist die Zuspitzung des gerade genannten Kriteriums und geht aus von dem allergewissesten Faktum im Leben Jesu, dem Kreuzestod. Warum ist er hingerichtet worden? Das Leben Jesu muss also Züge an sich tragen, die dieses Ende erklären. Das heißt: Offensichtlich hat Jesus einen Anspruch erhoben und eine Kritik vorgetragen, die provoziert haben. Autoren, die dieses Kriterium ins Gespräch bringen, finden diesen provokanten Anspruch v. a. in den Gleichnissen und in der Bergpredigt.

Alter der Überlieferung

Hier wird versucht, den historischen Jesus in den ältesten Textschichten der Synoptiker zu finden, d. h. in einem Ur-Passionsbericht, in einem Ur-Markusevangelium oder in der Logienquelle Q. Allerdings ist kein einziger dieser postulierten Grundtexte erhalten. So ist dieses Kriterium wieder auf die anderen Kriterien angewiesen, denn die Bestimmung des Umfangs der Logienquelle z. B. muss erst durch die Anwendung eines Kriterien-instrumentariums in einem wissenschaftlichen Schlussverfahren geschehen.

Ein weiteres Kriterium, das allerdings sehr empfänglich ist für subjektive Einträge, ist:

Die Sprache Jesu

Zum Sprachstil Jesu, wird gesagt, gehörten ganz wesentlich die Gleichnisse. Detaillierter werden dazu gerechnet Paradoxien (Kamel und Nadelöhr), das sogenannte „Passivum divinum", d. h. die Umschreibung des Gottesnamens (aus Respekt vor Gott) durch eine passivische Satzkonstruktion (Mt 5,21: „Ihr habt gehört, dass zu den Alten *gesagt worden ist*: ‚Du sollst nicht töten'"), das aramäische „Amen" (manchmal doppelt gesetzt) als Bekräftigung *vor* dem Satz, die Gebetsanrede „Abba" (aramäisch für „Papa" bzw. „Vati") (Mk 14,36), die Zusammenstellung von Gegenwart und eschatologischer Zukunft (im Sinne des Liedtextes „Jetzt ist die Zeit, jetzt ist die Stunde…") (z. B. Lk 12,8: „Wer sich zu mir bekennt vor den Menschen, zu dem wird sich der Menschensohn bekennen vor den Engeln Gottes") und der so genannte „antithetische Parallelismus", d. h. das Nebeneinanderstellen von Antithesen, die parallel konstruiert sind. Auch dieses Kriterium darf nicht ausschließlich oder absolut gesetzt werden. Das Passivum divinum ist auch sonst im jüdischen Sprachgebrauch und im zeitgenössischen Judentum üblich. Eine klassische Stelle für den antithetischen Parallelismus ist Mt 16,18f („auf diesen Felsen werde ich meine Kirche bauen, und die Mächte der Unterwelt werden sie nicht überwältigen. … was du auf Erden binden wirst, das wird auch im Himmel gebunden sein, und was du auf Erden lösen wirst, das wird auch im Himmel gelöst sein"). Aber gerade diese Perikope wird von der evangelischen Exegese weithin der Gemeindebildung zugeschrieben.

Das „Kriterium der historischen Plausibilität"

In Reaktion auf das „Differenzkriterium" wird in letzter Zeit das entgegengesetzte Kriterium vorgeschlagen: Historisch ist in den Quellen dasjenige, das als Wirkung der Person und der Lehre Jesu verstanden werden und gleichzeitig nur in einem jüdischen Kontext entstanden sein kann. Jesus wird hier nicht im Widerspruch zu seiner jüdischen Umgebung, sondern in ihr profiliert.

Zusammenfassend lässt sich sagen: Jedes einzelne dieser Kriterien ist, für sich allein genommen, mehr oder weniger problematisch. Natürlich war Jesus ein Jude und hat auch in einer jüdischen Vorstellungswelt gelebt und gepredigt. Seine Anhänger, die allesamt Juden waren, fanden zu seinen Lebzeiten genügend Ansatzpunkte in seiner Persönlichkeit, die sie mit ihrer jüdischen Weltdeutung vereinbaren konnten, sonst hätten sie sich ihm kaum angeschlossen. Trotzdem hat sich Jesus zumindest von den damals tonangebenden jüdischen religiösen Gruppen und Schulen unterschieden, denn sonst wäre er nicht hingerichtet und damit ausgegrenzt worden. Ein Durchblick durch die wissenschaftliche Literatur zeigt, dass zumindest in der angelsächsischen Exegese heute die Tendenz vorherrscht, in den Evangelien einen hohen Bestand historischer Information zu entdecken. Die deutschsprachige Exegese ist allerdings weithin immer noch (wenigstens unterschwellig) von dem ideologischen Vorurteil der Bultmannthese geprägt, dass die Beweislast bei denen liege, die von der historischen Echtheit einer Überlieferung reden. Diese These setzt also die prinzipielle Unechtheit wenigstens implizit voraus. Aber solange die Wahrheit dieser Prämisse selbst nicht bewiesen ist, bleibt auch die Plausibilität der Bultmannthese unbewiesen.

4.2. Historische Fakten

Folgende Fakten des Lebens Jesu scheinen historisch gesichert:

Jesus hat die weitaus längste Zeit seines Lebens in Nazaret verbracht. In den Evangelien heißt er öfters „der Nazarener" (Mk 1,24; 10,47; 14,67; 16,6; Mt 2,23 u. ö.). Mk 6,1 nennt Nazaret „seine Heimatstadt". Lk 4,16 spricht von ihr als der Stadt, in der Jesus „aufgewachsen war". Im AT und bei Josephus wird der Ort nicht erwähnt. Er war unbedeutend. Nazaret liegt im Siedlungsgebiet des altisraelitischen Stammes Zabulon. Die nächstliegende größere Stadt war das etwa 6 km entfernt liegende Sepphoris, eine hellenistisch-jüdische Stadt, deren Bevölkerung zu Beginn des jüdisch-römischen Krieges die Römer unterstützte. In den Evangelien wird Nazaret eine polis (griechisch: Stadt) genannt (Mt 2,23; Lk 1,26 u. ö.). Das sagt allerdings noch nichts über die Größe aus. Es besaß auch eine Synagoge (Mk 6,2). Für das Zustandekommen einer Synagogengemeinde waren mindestens zehn Männer notwendig. Aus der Auskunft, dass in Nazaret eine Synagoge war, lässt sich also nicht schließen, dass es eine bedeutende Wohnbevölkerung beherbergte.

Für die anfängliche Einschätzung Jesu war bedeutsam, dass Nazaret in Galiläa lag, also nicht im jüdischen Kernland. Der Prophet Jesaja (Jes 8,23) nennt es noch das „Galiläa der Heiden". 105–104 v. Chr. wurde es von den Makkabäern erobert und allmählich wieder rejudaisiert. Zur Zeit Jesu stand es unter starkem hellenistischen Einfluss aufgrund heidnischer Städte in seiner Nachbarschaft und in seinem Inneren. Offensichtlich gab es aber auch eine ziemlich starke Spannung zwischen der hellenistisch-jüdischen Stadtbevölkerung und der traditionell-jüdischen Landbevölkerung, die ihre Existenz am Rande des jüdischen Kernlandes eher als bedroht empfand. Im Kernland selbst wurden die Juden aus Galiläa abschätzig beurteilt. Das Johannesevangelium lässt das noch erkennen. Der „echte Israelit" Natanaël

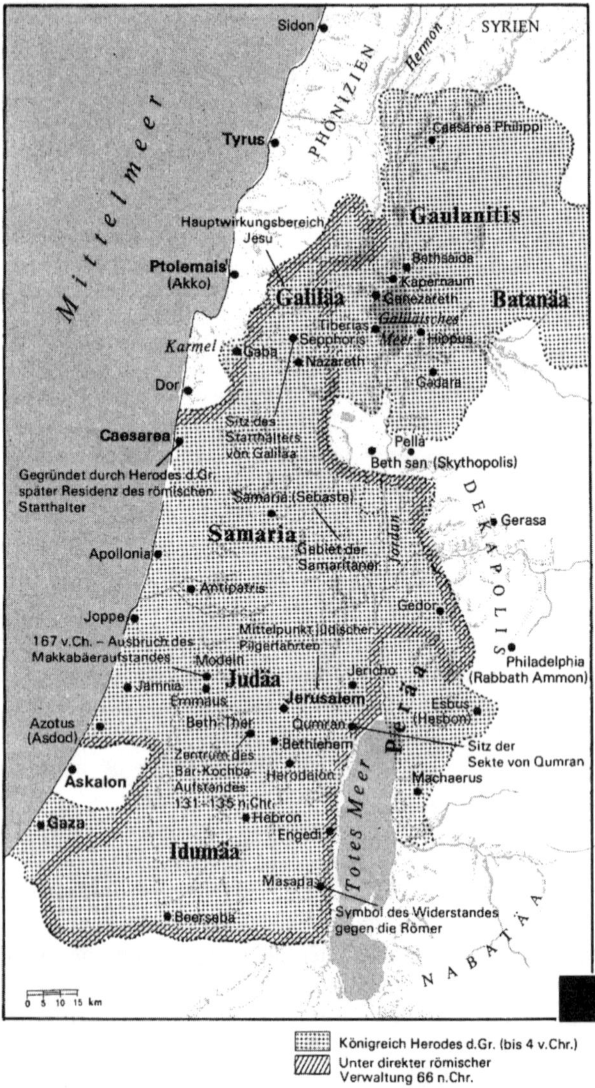

Das Heilige Land unter römischer Herrschaft

reagiert spontan, als ihm Philippus erzählt, Jesus aus Nazaret sei der, „über den Mose im Gesetz und auch die Propheten geschrieben haben“, also der Messias (Joh 1,46): „Aus Nazaret? Kann von dort etwas Gutes kommen?“ Der Pharisäer Nikodemus muss sich im Hohenrat belehren lassen: „Lies doch nach: Der Prophet kommt nicht aus Galiläa“ (Joh 7,52).

Jesus war der erstgeborene Sohn der Maria. Die Frauen der damaligen Zeit wurden mit 12–13 Jahren verheiratet, die Männer waren im Durchschnitt beim Eintritt in die Ehe etwa acht Jahre älter. Das wird wohl auch für Josef zutreffen. Josef wird in den Evangelien nur innerhalb der Kindheitsgeschichten erwähnt. Die Vermutung, dass er früh verstarb, hat einiges für sich. Maria könnte dann mit ihrem Sohn in eine andere Familie der Verwandtschaft aufgenommen worden sein, wie dies vergleichbar nach dem frühen Tod des Vaters Mohammeds mit seiner Mutter und ihm geschah. Die Namen der vier „Herrenbrüder“ Jakobus, Joses bzw. Josef, Judas und Simon (Mk 6,3), samt und sonders die Namen jüdischer Patriarchen, lassen auf eine Familie schließen, die im jüdischen Glauben verwurzelt ist.

Sind die „Herrenbrüder“ leibliche Brüder? Mk 6,3 (und Mt 13,56) redet auch von „Schwestern“ (nur hier im NT). *Tertullian* († nach 220 n. Chr.) war der Meinung, dass dies so sei. In der Patristik (mit *Klemens von Alexandria*, *Origenes*, *Hilarius von Poitiers*, *Ambrosius*) kam die These auf, es handle sich um Kinder Josefs aus einer früheren Ehe (Stiefbruderhypothese). Diese „Information“ stammt aus dem so genannten Protoevangelium des Jakobus. In der griechisch-orthodoxen Kirche wird dies heute noch gelehrt. Die überwiegende Mehrheit der Autoren der Urkirche war spätestens seit *Hegesipp* (2. Hälfte des 2. Jahrhunderts) der Auffassung, dass es sich nicht um Söhne (und Töchter) Marias gehandelt habe, sondern um Cousins (und Cousinen) Jesu. Jesus und seine Mutter seien nach dem Tod Josefs in den größeren Sippenverband aufgenommen worden. Von der Bedeutung des griechischen Wortes „adelphos“ (Bruder, Blutsverwandter, Nächster) her ist das durchaus möglich. Die Gleichsetzung Bruder = Cousin ist im Aramäischen schon deswegen denkbar, da ein entsprechendes aramäisches Wort für Vetter fehlt.

Über die Zeit in Nazaret schweigen sich die Evangelien aus. Im Alltag übte Jesus einen Beruf aus. Für seinen Beruf und den Beruf Josefs wird dasselbe griechische Wort verwendet: „tekton“. Mk 6,3: „Ist dieser nicht der tekton?“ Mt 13,55: „Ist dieser nicht der Sohn des tekton?“ Lk hat keine Berufsbezeichnung. Was ist ein „tekton“? In der griechischen Übersetzung des AT (Septuaginta) und im klassischen Griechisch ist „tekton“ allgemein die Bezeichnung eines Handwerkers (und nicht bloß des Zimmermanns), der v. a. Häuser baut, aber auch die dazu notwendigen Werkzeuge herstellt. Da Nazaret in unmittelbarer Nachbarschaft zu der hellenistisch geprägten Stadt Sepphoris liegt, die von *Herodes Antipas* (4 v.–39 n. Chr.) bis 19 n. Chr. zu seiner Hauptstadt ausgebaut wurde, wird darüber spekuliert, ob nicht Jesus durch seinen Beruf in Kontakt mit der hellenistischen Kultur geraten war. Historisch sicher wissen wir dazu nichts.

Wie lange lebte Jesus in Nazaret? Nach Mt 2 (vgl. Lk 1,5) fällt die Geburt Jesu in die Regierungszeit des Königs *Herodes* (des Großen) und des Kaisers *Augustus* (Lk 2,1). Augustus hat von 27 v.–14 n. Chr. geherrscht. Herodes ist 4 v. Chr. gestorben. Wenn die Angabe stimmt, dass Jesus während der Regierungszeit des Herodes geboren wurde, dann hat sich der Mönch *Dionysius Exiguus* verrechnet, als er im Jahr 525 auf Geheiß von Papst *Johannes I.* den Ostertermin festlegte und für die Geburt Jesu das Jahr 753 nach der Gründung Roms (ab urbe condita) ausgerechnet hatte. Wie weit in Mt 2 historische Erinnerungen an außergewöhnliche Sternenphänomene (7 v. Chr. wurde dreimal eine große Konjunktion von Jupiter und Saturn im Sternzeichen der Fische beobachtet; chinesische Astronomen berichten in Aufzeichnungen von dem Erscheinen eines Kometen, der für längere Zeit gesehen wurde, im März 5 v.Chr. und im April 4. v.Chr.) verarbeitet sind, wird diskutiert. Das genaue Geburtsjahr Jesu lässt sich nicht eindeutig ermitteln, aber ein Termin in den letzten Regierungsjahren des Herodes ist historisch nicht unwahrscheinlich.

Nach Lk 3,1 tritt Johannes der Täufer „im 15. Jahr der Regierung des Kaiser *Tiberius*" auf. Das wäre, je nachdem wie man rechnet, zwischen dem 1. Oktober 27 bis Ende September 28 (das neue Jahr im römischen Kalender begann jeweils am 1. Oktober) oder vom 19. August 28 bis 18. August 29 (Tiberius hat den Thron am 19. August 14 bestiegen). Tiberius war allerdings (wohl seit Oktober 12) schon drei Jahre Mitregent des Augustus, aber nur im Osten des römischen Reiches. Wenn man diese Zeit mitzählt, käme man sogar auf das Jahr 26 als den Beginn der Predigt von Johannes dem Täufer. Allerdings wäre eine solche Zählung, die die Jahre der Mitregentschaft als Regierungszeit rechnet, eher ungewöhnlich. Das Datum, das Lk 3,1 bietet, ist deshalb interessant, weil Lk 3,21 das Auftreten Johannes des Täufers in zeitlichem Zusammenhang mit dem Beginn des öffentlichen Wirkens Jesu sieht. Vom Beginn der Tätigkeit Jesu hören wir, dass er bei seinem ersten öffentlichen Auftreten „etwa 30 Jahre" alt war (Lk 3,23). Die Angabe kann theologisch motiviert sein. In 2 Sam 5,4 ist David, der Prototyp des Messias, 30 Jahre alt, als er König wurde. Auch andere biblische Personen wie Josef (Gen 41,46) und Ezechiel (Ez 1,1) beginnen im Alter von 30 Jahren ihre „öffentliche" Laufbahn. Das Johannesevangelium, das wohl unhistorisch an den Beginn der öffentlichen Wirksamkeit Jesu die Tempelreinigung stellt, lässt die Juden davon sprechen, dass am Tempel nun 46 Jahre gebaut worden sei (Joh 2,20). Josephus berichtet, Herodes habe den Tempel in seinem 18. Jahr, d.h. 20 oder 19 v.Chr., begonnen. Die Episode, von der Joh 2,13–22 erzählt, hätte dann 27 oder 28 stattgefunden. (Allerdings hat Josephus auch eine zweite, vielleicht im Überlieferungsprozess verdorbene Notiz, dass der Tempelbau im 15. Jahr der Herodes begonnen habe.) Man liegt jedenfalls nicht falsch, wenn man annimmt, dass Jesus, der nach Johannes dem Täufer in der Öffentlichkeit auftrat, zu Beginn seiner öffentlichen Tätigkeit etwa Anfang bis Mitte der 30 war.

Die Zeit für die öffentliche Predigt Jesu ist kurz. Das Johannesevangelium erwähnt mindestens drei Passahfeste (Joh 2,13; 6,4; 11,55), vielleicht sogar ein viertes (Joh 5,1). Es scheint also einen Zeitraum der öffentlichen Wirksamkeit Jesu von etwa drei Jahren vorauszusetzen. Die Synoptiker scheinen mit nur einem Jahr (ein Passahfest) zur rechnen. Der Mittelpunkt der Predigt und des Wirkens Jesu lag in Galiläa, genauer am Nordufer des Sees Gennesaret. Wichtige Orte, in denen er agiert, sind Kapernaum, Magdala, Chorazin und Betsaida, die sich allesamt in der Nähe dieses Sees befinden. Andere Orte, an die in der historischen Erinnerung, soweit sie aus den Synoptikern rekonstruierbar ist, bestimmte Aussagen oder Handlungen von ihm gebunden sind, liegen ebenfalls in Galiläa (Nazaret, Kana) oder in der unmittelbaren Nachbarschaft (Tyrus, Sidon, Cäsarea Philippi, Dekapolis). Am Ende seines Lebens zogen Jesus und seine Jünger nach Jerusalem, wo sich einige wenige dramatische Situationen abspielen. Verschiedene Ortsnamen und Plätze in und bei Jerusalem werden genannt. Es ist historisch recht sicher, dass sich mit Namen wie Betfage und Betanien (Mk 11,1), mit dem Ölberg (Mk 13,3), mit Getsemani (Mk 14,32), mit dem Prätorium (Amtssitz des römischen Präfekten) des Pilatus (Mk 15,16) und Golgata (Mk 15,22) konkrete Erinnerungen verbinden.

Das sicherste Faktum des Lebens Jesu ist die Kreuzigung. Wann ist Jesus hingerichtet worden? Der zeitliche Rahmen ist abgesteckt durch die Amtszeit des *Pontius Pilatus*, der von 26–36 n. Chr. Präfekt war (gekreuzigt „unter Pontius Pilatus"). Der früheste Zeitpunkt, an dem das Wirken Jesu begonnen haben kann, ist das 15. Regierungsjahr des Kaisers Tiberius (27–28). Der spätest mögliche Zeitpunkt, an dem

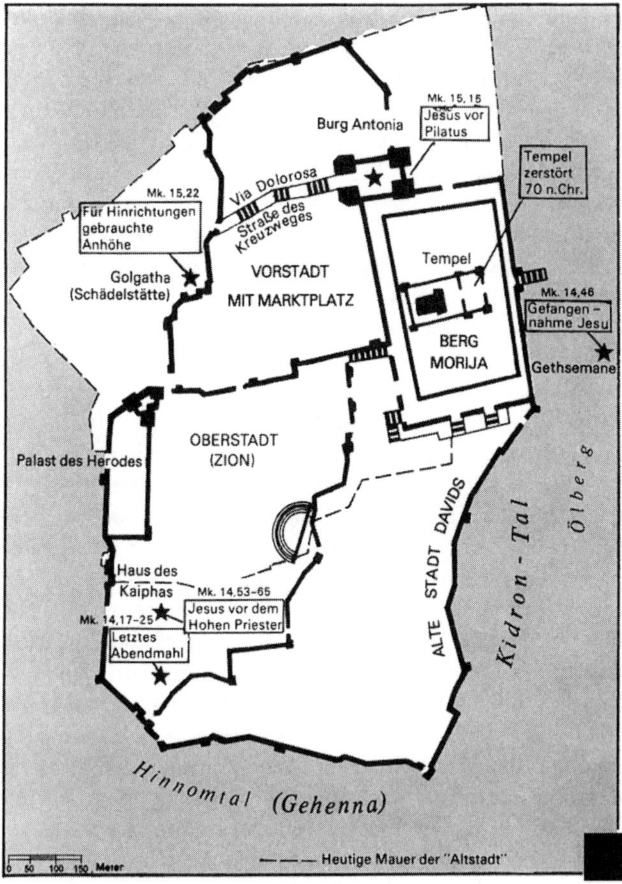

Die Stadt Jerusalem zur Zeit der Kreuzigung Jesu

Jesus in der Amtszeit des Pilatus hingerichtet werden konnte, ist das Jahr 36. Wann genau ist er gestorben? Alle vier Evangelien stimmen darin überein, dass Jesus an einem Freitag hingerichtet worden ist. Unterschiedlich beschreiben sie die Stellung dieses Tages im jüdischen Festkalender. Nach den Synoptikern war dieser Freitag der erste Tag des Passahfestes. Das Johannesevangelium wird hier von den meisten Forschern jedoch als das historisch zuverlässigere angesehen. Für Joh 18,18; 19,31 war dieser Freitag des Sterbens Jesu der „Rüsttag" des eigentlichen Passahfestes, an dem die Passahlämmer geschlachtet wurden, bevor dann mit dem Einbrechen der Dunkelheit das Passahfest begann. Die synoptische Darstellung, Jesus sei am Passahfest hingerichtet worden, ist wegen der großen Bedeutung dieses Festes für die jüdische Frömmigkeit eher unwahrscheinlich. Mk 14,1f berichtet ja selbst, die Hohenpriester und die Schriftgelehrten hätten eine Hinrichtung am Festtag vermeiden wollen, um keinen Aufstand zu provozieren. Alle Evangelien stimmen wieder darin überein, dass Jesus in der Nacht gefangen genommen und am darauf folgenden Tag gekreuzigt wurde. Das ist durchaus plausibel, wenn kein eigentliches formelles Gerichtsverfahren, sondern nur ein Informationsprozess vor den jüdischen Autoritäten stattgefunden und auch der römische Präfekt aufgrund der Anzeige nur eine Befragung durchgeführt hat. Wenn man in dem Zeitraum der Amtszeit des Pontius Pilatus nach den Jahren sucht, an denen der 14. Nisan, d. h. der Rüsttag für das Passahfest, auf einen Freitag fiel (und damit die johanneische Chronologie für historisch sicherer hält), kommen die Jahre 30 und 33 in Frage. Die neueste, allerdings nicht ganz unumstrittene Berechnung von *Walter Hinz* kommt sehr detailliert auf den 30. März 28. Er rechnet allerdings die drei Jahre der Mitregentschaft des Tiberius mit Augustus zu den Regierungsjahren des Kaisers. Das ist in den zeitgenössischen Quellen nicht belegt. Andere Autoren favorisieren das Jahr 30, ohne dass andere Jahre endgültig ausgeschlossen werden können.

Blick in die Grabkammer der Kirche des Heiligen Grabes in Jerusalem

4.3. Die Grundbotschaft Jesu in den Gleichnissen

Es wird in den Evangelien erklärt und von der Forschung nicht bestritten, dass die Rede von der „Gottesherrschaft" bzw. (als andere mögliche Übersetzung des griechischen Ausdrucks „basileia tou theou") dem „Reich Gottes" im Mittelpunkt der Predigt Jesu stand. Das zeigt sich auch daran, dass sie im NT fast ausschließlich (bis auf wenige Ausnahmen im Johannesevangelium, in den echten Paulusbriefen, in der Apokalypse und relativ noch am häufigsten in der Apostelgeschichte) in den synoptischen Evangelien vorkommt und dort immer mit der Person Jesu und seiner Verkündigung verbunden wird. Was versteht Jesus unter diesem Begriff?

In der Exegese wurden folgende Bedeutungen vorgeschlagen:

- Das „Reich Gottes" ist die in der Geschichte der Menschheit sich herausbildende Liebesgemeinschaft, die im Inneren des einzelnen Menschen beginnt. Das ist die klassische Deutung der Liberalen Theologie, für die z. B. *Albert Ritschl* (†1889) steht. *Adolf von Harnack* (†1930) hat die bekannte Stelle Lk 17,21 (in der Einheitsübersetzung: „Das Reich Gottes ist mitten unter euch") so übersetzt: „Das Reich Gottes ist *in* euch."
- Gegenüber dieser Interpretation haben zuerst *Johannes Weiß* und später *Albert Schweitzer* Einspruch erhoben. Jesus habe ein rein zukünftiges Reich erwartet, das durch kosmische Katastrophen, die einen Abschluss der Menschheitsgeschichte bedeuten, und allein durch Gottes Handeln herbeigeführt werde. Palästina sei der Mittelpunkt des neuen Reiches, in dem Jesus und seine Anhänger über das wieder konstituierte Zwölf-Stämme-Volk herrschen würden. Albert Schweitzer hat diese These insoweit weitergeführt, als er annahm, Jesus habe dieses neue Reich als noch zu seinen Lebzeiten unmittelbar

bevorstehend verkündet. Der Zug nach Jerusalem und die Passion seien für ihn das Mittel gewesen, dieses Weltende gleichsam mit Gewalt zu forcieren.

- *Charles Harold Dodd* (†1973) hat die rein zukünftige Deutung verworfen und die Rede vom Reich Gottes ausschließlich auf die Gegenwart bezogen. Jesus habe gepredigt, dass in seiner Person alle Erwartungen, die auf die Endzeit gerichtet waren, schon jetzt erfüllt seien („realized eschatology"). In seiner Person vollziehe sich das Gericht Gottes und die Scheidung unter den Menschen.
- *Werner Georg Kümmel* hat die Positionen von Weiß (bzw. Schweitzer) und Dodd miteinander vermittelt. Das Reich Gottes sei bei Jesus sowohl zukünftig („futurisch") als auch gegenwärtig („präsentisch") ausgesagt. Dieser Befund, der beide Verständnisweisen schon in den Aussagen Jesu findet, ist heute der Konsens der Exegeten. Kümmel hat ihn so gedeutet: In Jesus sei schon gegenwärtig, was das künftige Reich Gottes herbeiführen werde. Er habe eine Zwischenzeit zwischen seinem Tod und der endgültigen Ankunft des Reiches Gottes angenommen.
- *Rudolf Bultmann* griff noch einmal die konsequent eschatologische These von Weiß auf. Jesus habe in der Vorstellungswelt des apokalyptischen Mythos gelebt, der von der Erwartung einer nahen, zukünftigen Weltumwandlung spricht. In der Folge aber habe diese Sicht einen „existentiellen" Sinn, der in der Gegenwart lebendig werde. Die Rede vom künftigen Reich Gottes stelle jeden Menschen *jetzt* in die Situation der Entscheidung. Die Schüler Bultmanns haben diese Übersetzung des apokalyptischen Mythos Jesus selbst zugeschrieben. Er habe die apokalyptische Zukunftssicht „entmythologisiert" und als Erfahrung der herandrängenden, jetzt Wirklichkeit werdenden Nähe Gottes gedeutet.

Die gemeinsame Überzeugung jedenfalls der deutschsprachigen Exegese ist, dass Jesus vom Reich Gottes futurisch und präsentisch gesprochen hat. Jesus hat dieses Reich auf verschiedene Weise beschrieben. Vor allem geschieht dies in Gleichnissen. Die Forschung hat deshalb besonders die Gleichnisse untersucht, denn sie sind die charakteristische Form der Verkündigung Jesu und gelten in der Regel als authentische Jesusüberlieferung. In anderen Worten: Wer Jesus möglichst direkt in der Originalsprache hören will, ist gut beraten, den Zugang über die Gleichnisse zu nehmen. Natürlich greift Jesus auf Bilder und Motive zurück, die in der jüdischen Überlieferung und speziell in Galiläa vertraut sind. Das Gleichnis von den bösen Winzern etwa bezieht sich auf das Weinberglied des Propheten Jesaja (Jes 5,1–7). Aber die Gleichnisse schildern auch Alltägliches: Den Bauern, der den Samen auf sein Feld streut; den Fischer, der sein Netz auswirft; den Mann, der über Land geht und dabei Entdeckungen macht; den Beter, der den Tempel aufsucht, um dort zu beten; den Gastgeber, der Menschen zu sich lädt.

Die Gleichnisforschung hat verschiedene Phasen durchlaufen.

- *Adolf Jülicher* (Die Gleichnisse Jesu, Tübingen ²1910) steht am Anfang der neueren Gleichnisforschung. Er unterstreicht den Unterschied zwischen einer Allegorie und einem Gleichnis. Eine Allegorie ist eine Bildrede, in der jeder Punkt eine eigene theologische Bedeutung hat. Die Auslegung der Allegorie besteht dann darin, dass sie Punkt für Punkt übersetzt werden muss. In Mk 4,3–9 wird die Geschichte vom Sämann erzählt, der aussät. Die Auslegung, die Mk 4,10–20 bietet, bezieht jeden einzelnen Zug der Erzählung auf eine eigene Botschaft. Die Geschichte wird also allegorisch gedeutet. Jülicher meint nun, dass die Gleichnisse bei Jesus stets nur *einen* Vergleichspunkt hatten. Wenn in den Evangelien Geschichten allegorisch eingekleidet sind, dann sei dies die Bildung der Evangelisten gewesen. Dieser eine Vergleichspunkt ist für Jülicher eine übergeschichtliche Wahrheit.
- Eine andere Deutung versucht, die Gleichnisse Jesu von

der historischen Situation her zu rekonstruieren, in der ein Gleichnis einmal vorgetragen worden ist. *Joachim Jeremias* (Die Gleichnisse Jesu, Zürich 1947) hat dies beispielhaft durchexerziert. Das Bildmaterial der Gleichnisse entstammt seiner Meinung nach oft ganz konkreten Erlebnissen und Erfahrungen Jesu oder Geschehnissen der Zeitgeschichte. Die Adressaten sind ursprünglich die Hörer (einschließlich der Gegner) Jesu. Das ist für ihn der „erste Sitz im Leben Jesu". Erst viel später wurden in seiner Darstellung durch die neutestamentlichen Autoren aus den Gleichnissen „Jüngerbelehrungen", der so genannte „zweite Sitz im Leben und Denken der Urgemeinde". Wenn man diese „Umadressierung" durchstößt und die jeweils historische Situation, soweit möglich, erarbeitet, dann stößt man seiner Meinung nach auf das „Urgestein der Überlieferung" und auf die ureigene Stimme Jesu.

- Einen ganz anderen Weg beschreibt die neuere amerikanische Gleichnisforschung, zu der *Dan Otto Via* (Die Gleichnisse Jesu, München 1970) gehört. Er spricht von den Gleichnissen als in sich stehenden ästhetischen Gegenständen, die nicht auf anderes verweisen. Sie sind also – wie andere literarische Kunstwerke auch – unabhängig von ihrer Ursprungssituation und ihrem Verfasser Jesus gegenüber autonom. Im Grunde kann man sie sogar von dem Zusammenhang, in dem sie jetzt stehen, also der Evangelienüberlieferung, lösen. Sie haben die Kraft in sich, eigenständig die jeweiligen Hörer anzusprechen und ihnen ein Existenzverständnis nahezubringen, das ihr Leben verändern kann. Das klingt fast so, als bestehe in dieser literaturtheoretischen Annäherung an die Gleichnisse überhaupt kein Interesse, diese kleinen ästhetischen Objekte bzw. literarischen Kunstwerke, die die Gleichnisse sind, in irgendeiner Form in einer Biographie Jesu zu verorten. Via argumentiert aber an verschiedenen Stellen auch anders. Jesus ist der Verfasser der Gleichnisse. Das

Existenzverständnis, das er in den Gleichnissen darbietet, ist dasselbe, das er selbst lebt. So werden die Gleichnisse zu einem Schlüssel für das Verstehen der Person Jesu. Er zeigt in den Gleichnissen die überraschende und vom Menschen nicht ausrechenbare Güte und Liebe Gottes, die der Mensch stets nur als Geschenk erfährt, das ihn geradezu überwältigt.

Jesu Gleichnisse stammen zu einem großen Teil von ihm. Es ist allgemein anerkannt, dass er damit einen Maßstab religiöser Rede gesetzt hat. Seit der Gott-Rede Jesu, die sich in den Gleichnissen ausdrückt, ist zumindest in der großen Theologie der Christentumsgeschichte die Überzeugung lebendig, dass von Gott angemessen nur in Bildern gesprochen werden kann. Jesus greift die vertrauten Bilder des Alltags auf. In jedem Jahr wird vom Sämann auf dem Feld ausgesät (Mk 4,3–9) und wachsen Unkraut und Weizen miteinander (Mt 13,24–30). In jedem Fang findet der Fischer gute und schlechte Fische in seinem Netz (Mt 13,47–50). Aber er benutzt auch die außergewöhnlichen Situationen: Den Einbruch eines Diebes in der Dunkelheit (Mt 24,43f); die egoistische Rücksichtslosigkeit, mit der ein Mensch seinen Nachbarn in der Mitte der Nacht aus dem Schlaf reißt, um für einen überraschenden Besuch um ein Stück Brot zu bitten (Lk 11,5–8); die aufdringliche Witwe, die den Richter nicht in Ruhe lässt (Lk 18,1–8); die kalkulierende Klugheit eines untreuen Verwalters (Lk 16,1–8); die grausame Härte eines Knechtes, dem eine riesige Schuld von seinem Herrn erlassen wird und der dennoch nicht davon absteht, eine unbedeutende Summe von seinem Mitknecht einzufordern (Mt 18,23–35); oder den Vater, der trotz des Einspruches seines älteren Sohnes den verloren gegangenen jüngeren Sohn, der sein ganzes Erbe verspielt hat, wieder aufnimmt (Lk 15,11–32).

Der Verfasser des Markusevangeliums deutet an einer Stelle das Sprechen in Gleichnissen in der Weise, dass Jesus deswegen auf diese Art gesprochen habe, um vom Volk bzw. den Außenstehenden jenseits des engeren Jüngerkreises gerade nicht verstanden zu werden (Mk 4,10–13). Diese Darstellung ist sicherlich nicht historisch. Die Gleichnisse sind durchaus auch heute noch (und erst recht zur Zeit Jesu) ohne weiteres aus sich heraus verständlich. Andererseits ist die überlieferte und in Mk 4,11 festgehaltene Rede vom „Geheimnis" des Reiches Gottes durchaus sachgemäß. Die Gleichnisse enthalten tatsächlich ein „Geheimnis", das von den Hörern erfasst und geglaubt werden muss. Dies ist der unscheinbare Anfang des Gottesreiches, das wächst wie ein Senfkorn, das zum Baum wird, und sich durchsetzt und ausbreitet wie der Sauerteig, der den ganzen Brotteig durchsäuert (Mt 13,31–33). *Günther Bornkamm* hat in seinem Jesusbuch (Jesus von Nazareth, Stuttgart [15]1995, 65) dieses „Geheimnis" als Antwort auf die Fragen von damals und heute beschrieben: „Ein unbekannter Rabbi von Nazareth in einem abgelegenen Winkel Palästinas? Eine Handvoll Jünger um ihn, die, als es darauf ankam, ihn im Stich ließen? Zweifelhaftes Gesindel in seinem Gefolge – Zöllner, Dirnen, Sünder, ein paar Frauen und Kinder und einige Leute, denen er geholfen hat? Am Kreuz ein Spott der Leute, die vorübergehen? Das heißt Gottesreich? Weltenwende? Warum legitimiert er sich nicht anders?"

Die Botschaft Jesu ist keine bloße Information, die eine Nachricht, und sei es auch eine „Gute Nachricht" bzw. ein Evangelium (von dem griechischen Wort „euangelion" = Frohbotschaft, Gute Nachricht), weitergibt an Hörer, die davon nicht weiter betroffen sind. Es geht darum, dass die Hörer sich nun dazu verhalten, wenn sie begreifen, was sich hier und jetzt, in diesem Augenblick der Geschichte, vor ihren Augen abspielt, nämlich das Angebot des Heiles durch das Handeln Gottes in seiner unfassbaren und unerhörten Güte.

4.4. Wunder

Jesus hat Heilungen, Exorzismen (Dämonenaustreibungen) und Wunder praktiziert. Dieses Faktum kann eine ernsthafte historisch-kritische Analyse nicht bestreiten, auch wenn der Befund manche heutigen Exegeten und Bibelleser irritieren mag. Einige Jesus-Bücher setzen sich mit diesem Punkt seines Wirkens gar nicht auseinander. Die Überlieferung der Wunder- und Heilungstätigkeit (einschließlich der Exorzismen) Jesu, die die talmudische Tradition polemisch widerspiegelt (Jesus als „Zauberer"), findet sich in den synoptischen Evangelien. Mk berichtet recht ausführlich. Mt ordnet die Wunderberichte den Erzählungen von Jesu Predigt bei. Sie bekräftigen seine Verkündigung (Mt 4,23): „Er zog in ganz Galiläa umher, lehrte in den Synagogen, verkündete das Evangelium vom Reich und heilte im Volk alle Krankheiten und Leiden." Lk beschreibt Jesus sowieso als den Heiler und Helfer, wie es Petrus im Haus des Kornelius zusammenfasst (Apg 10,38): Es sei ja bekannt, wie Jesus „umherzog, Gutes tat und alle heilte, die in der Gewalt des Teufels waren ..." Manche Autoren behaupten, eine der Quellenschriften des Johannesevangeliums sei eine Sammlung, die besonders Wunderberichte enthalten habe.

Allerdings setzen die Synoptiker und die johanneische Tradition unterschiedliche Akzente. Die Synoptiker haben Stellen, in denen der Glaube als notwendige Voraussetzung für ein zu wirkendes Wunder gefordert wird, etwa die „kantige" (*Joachim Gnilka*) Bemerkung Mk 6,5a, dass Jesus in Nazaret keine Wunder wirken konnte, weil in seiner Heimatstadt kein Glaube war, oder die Ablehnung der Forderung nach einem „Zeichen" (semeion) (z. B. Mk 8,11f), das jeden Zweifel ausschließt. Die Wunder Jesu sind „Machttaten" (dynameis) (Mt 11,20f.23; 14,2 ...), die einem bei den Hörern wenigstens anfanghaft vorhandenen Glauben entspringen. Dieser Glaube kann heilen: „Dein Glaube (also nicht die Tat des Wundermannes Jesu) hat dir geholfen bzw.

dich geheilt“ (vgl. Mk 5,34; 10,52; Lk 7,50). Die johanneische Tradition, die später anzusiedeln ist und deutlicher theologisch bearbeitet wurde, hat dagegen überwiegend Stellen, in denen das Wunder (griechisch „ergon“, eigentlich „Werk“) ein Zeichen ist, das den Glauben hervorruft und begründet (z. B. Joh 1,50 im Berufungsgespräch mit Natanaël: „Du glaubst, weil ich dir sagte, dass ich dich unter dem Feigenbaum sah?“). Ähnlich auch Joh 4,48: „Wenn ihr nicht Zeichen und Wunder seht, so glaubt ihr nicht.“ Das heißt: Bei Johannes kommt der Glaube vom Sehen des Gottessohnes (Joh 1,14: „Wir haben seine Herrlichkeit gesehen“), der sich durch seine als Zeichen dargestellten Wunder als Gottessohn erweist. Bei den Syoptikern (und das heißt wohl: bei Jesus) kommt der Glaube durch die Predigt. Wenn der Glaube da ist, kann Jesus auch Wunder wirken. Das scheint Paulus zu bestätigen, der Wunder und Wunderzählungen offensichtlich nicht für geeignet hält, den Glauben zu erwecken. In 1 Kor 1,22f beschreibt er, dass die christlichen Missionare nicht auf die Zeichenforderung (der Juden) eingehen, sondern den gekreuzigten Christus predigen. Das Wunder bewirkt also nicht den Glauben. Andererseits erfährt aber der bereits bestehende Glaube durchaus Wunder, etwa im Leben der Gemeinde (Röm 15,18f; Gal 3,5; 2 Kor 12,12). In anderen Worten: Wunder sind in der ursprünglichen Predigt Jesu und seiner Jünger gar nicht so entscheidend für den Glauben.

Wundertaten werden zur Zeit Jesu auch von anderen Personen berichtet. Josephus erzählt von jüdischen Dämonenaustreibungen vor römischen Soldaten; ähnlich werden den Rabbinen Hanina ben Dosa (ca. 70–100 n. Chr.) und Eliezer ben Hyrkanos (ca. 90–130 n. Chr.) Wunder zugeschrieben. Im hellenistischen Kulturraum zog Apollonios von Tyana (ca. 3–97 n. Chr.) als Wunderheiler (mit Exorzismen und sogar Totenerweckungen) durch die Lande. Das erste nachchristliche Jahrhundert sah geradezu eine „Renaissance des Wunderglaubens“ *(Gerd Theißen)*. Jesus ist in diesem Tun auch ein Ausdruck seiner Zeit. Übrigens berichtet die Apostelgeschichte, dass auch die Jünger Wunderheilungen vollbringen.

Innerhalb der Evangelien lesen wir von etwa zwanzig Heilungs- und Exorzismusgeschichten, wenn man von Verdoppelungen im Überlieferungsprozess und Mehrfachberichten derselben Geschichten in den verschiedenen Evangelien absieht. Um welche Krankheit es sich jeweils gehandelt hat, ist nicht immer medizinisch genau zu bestimmen. Das Krankheitsbild, das in Mk 9,14–27 von einem Knaben geschildert wird, ähnelt dem eines Epileptikers. Aber Bezeichnungen wie „Gelähmter“ (vgl. Mk 2,1–12) oder „Aussätziger“ (vgl. Mk 1,40–45) decken viele Formen von Krankheit ab, von nervösen Bewegungsstörungen und leichten Hauterkrankungen bis hin zu einer völligen Bewegungsunfähigkeit und Lepra. Charakteristisch für die damalige Zeit ist die Vorstellung, dass ein Dämon (manchmal auch mehrere Dämonen) von einem Menschen Besitz nehmen kann, und die weitere Meinung, dass auch Krankheiten von Dämonen verursacht sein können. Wie auch immer wir heute mit dieser Gedankenwelt zurechtkommen, es bleibt doch das Faktum bestehen, dass der historische Jesus tatsächlich Handlungen vollzogen hat, die den Zeitgenossen wunderbar oder unerklärlich vorkamen. Unstrittig ist, dass er Heilungen bewirkt hat. Diese Heilungen passen sich vollständig dem Verstehenshorizont seiner Umwelt an. Wie man sie heute von einem medizinischen Standpunkt aus zu beurteilen hat, ist eine Frage, die weithin offen bleiben muss, da medizinisch-wissenschaftliche Krankheitsberichte in den Evangelien nicht vorliegen.

Unstrittig ist ebenfalls, dass Jesus Exorzismen vorgenommen hat. Der Vorwurf der Gegner, dass er diese Akte mit Hilfe dämonischer Mächte (Beelzebul) bewirke (Mt 12,24), bzw. mit dem Teufel im Bund stehe, ist von christlichen Bearbeitern der Jesus-Überlieferung nicht vorstellbar (Kriterium der anstößigen Überlieferung), und beweist deshalb im Umkehrschluss und im polemischen Reflex die Historizität dieser Taten. Die Beobachtung, dass v. a. Mk von Exorzismen berichtet, die Mt z. B. nicht alle aufnimmt, und dass Joh überhaupt keine Exorzismen erwähnt, zeigt, dass diese Aktivitäten des Wunderwirkens Jesu offenkundig auch für Christen problematisch waren. Andererseits scheint diese Tätigkeit auch einen historischen Hinweis zu geben auf das Selbstverständnis Jesu. Die Exorzismen bewiesen nach seiner Auffassung, dass der Satan vom Himmel gefallen (Lk 10,18), der Starke gefesselt (Mt 12,29) und die Gottesherrschaft schon angekommen war (Mt 12,28).

Neben den Handlungen des Heilens (einschließlich der Totenerweckungen) und des Exorzismus berichten die Evangelien von weiteren Wundern Jesu. Dazu gehören die „Verfluchung“ des Feigenbaumes (Mk 11,13f.20) (ein „Strafwunder“), die „Geschenkwunder“ der Brotvermehrung, des wunderbaren Fischfanges und des Weinwunders in Kana sowie die „Rettungswunder“ der Stillung des Seesturmes und des Schreitens auf dem Wasser des Sees Gennesaret.

Die Auslegungsgeschichte der Wundererzählungen ist nicht einheitlich. Vor der philosophischen Neuzeit wurden die Wunder als übernatürliche Eingriffe in den Naturverlauf verstanden. Sie galten den Apologeten, d. h. den Verteidigern des Christentums, als ein wichtiges Argument, mit dem die Wahrheit des christlichen Glaubens demonstriert werden konnte. Noch auf dem 1. Vatikanischen Konzil wurden die Wunder, „die, da sie Gottes Allmacht … klar und ganz deutlich zeigen, ganz sichere und dem Erkenntnisvermögen aller angepasste Zeichen der göttlichen Offenbarung sind“ (Dogmatische Konstitution „Dei Filius“ über den katholischen Glauben, Kap. 3), als Beweis für die Wahrheit der Offenbarung angeführt.

Die Offenbarungskritik der Aufklärung hat die Beweiskraft der Wunder abgelehnt. Für *Gotthold Ephraim Lessing* sind Berichte von Wundern geschichtliche Erzählungen, die aus sich heraus keine Beweisgültigkeit für „Vernunftwahrheiten", als die er die Kernaussagen des Christentums ansah, haben können. Rationalistische Theologen erklären deshalb die Wunder weg. *Carl Friedrich Bahrdt* (†1792) bezweifelt nicht die Historizität der Wunderberichte. Sie sind für ihn aber allesamt „natürlich" und „rational" verständlich zu machen. Jesus sei tatsächlich über das Wasser gegangen. Das sei deswegen möglich gewesen, weil damals Bauhölzer im See Gennesaret an der Stelle schwammen, an der Jesus das Boot verließ. *Heinrich Eberhard Gottlob Paulus* (†1851) sucht nach Zwischenursachen, die im Text jeweils nicht genannt wurden, die seiner Meinung nach aber das Geschehen vernünftig erklärbar machen. Bei der Brotvermehrung hätten einzelne Personen in der Menge, die etwas mehr Proviant bei sich gehabt hätten, angestoßen durch das Beispiel Jesu, diese Speisen mit den Bedürftigen geteilt, so dass alle satt wurden.

David Friedrich Strauß und die form- und religionsgeschichtliche Deutung des 20. Jahrhunderts (*Rudolf Bultmann*, *Martin Dibelius*) weisen dann daran darauf hin, dass viele Motive der neutestamentlichen Wundererzählungen schon im AT (auch vom Propheten Elischa wird z. B. ein Speisungswunder überliefert: 2 Kön 4,42–44) oder in der Antike und der zeitgenössischen Religionsgeschichte (so wird etwa vom griechischen Gott Dionysos ebenfalls ein Weinwunder erzählt) bekannt waren. Diese Entdeckung führte dann oft zu der Überzeugung, die Wunder seien nicht historisch, sondern nur ein Mittel der neutestamentlichen Autoren, um die Botschaft von der Einzigartigkeit Jesu zum Ausdruck zu bringen. Die Wunder waren deshalb für viele Exegeten schon lange nicht mehr „des Glaubens liebstes Kind", sondern eher ein Gegenstand der Verlegenheit.

Bei der historischen Würdigung der Wunderberichte gilt es zu unterscheiden. Die Aussage, dass Jesus Heilungen praktiziert und Exorzismen vollzogen hat, lässt sich historisch redlich nicht bestreiten. In der heutigen Exegese werden die anderen Wunderberichte, die Jesus im NT zugeschrieben werden, in der Regel eher als literarisches Mittel zur Charakterisierung seiner Person dargestellt. Die Frage nach ihrer historischen Wahrheit wird in der Regel sehr zurückhaltend und zuweilen entschieden negativ beantwortet. Manche Exegeten vertreten sogar die Meinung, dass speziell diese Wundergeschichten so „in den Sog von Ostern" (*Joachim Gnilka*), d.h. in das durch die Auferstehung neu entstehende Bild des erhöhten Herrn, geraten sind, dass es faktisch unmöglich sei, ihren historischen Kern zu rekonstruieren. Ob diese Zurückhaltung historisch gerechtfertigt ist, ist meiner Einschätzung nach nicht eindeutig bewiesen. Sie erinnert doch sehr an die bekannte Folgerung: „Daraus schloss er messerscharf, dass nicht sein kann, was nicht sein darf."

Theologisch weiter führt die Frage nach der Funktion der Wunder im Auftreten Jesu. Offensichtlich ist Jesus in seiner Heimatstadt Nazaret auf Ablehnung gestoßen (Mk 6,1–6a). Historisch scheint sicher zu sein, dass Jesus dort keine Wunder wirkte (Mk 6,5a: wirken konnte), weil er dort auf keinen Glauben stieß. In eine gleiche Richtung weist eine andere wohl ebenso historische Erzählung. Irgendwelche Gegner (bei Mk 8,11 heißen sie Pharisäer, in Mt 12,38 sind es Schriftgelehrte und Pharisäer, Mt 16,1 spricht von Pharisäern und Sadduzäern und Lk 11,16 redet allgemein von anderen Leuten) fordern von Jesus ein Zeichen, das unmittelbar von Gott gewirkt ist und jeden Zweifel an der Legitimität Jesu ausschließen soll. Jesus lehnt dieses Ansinnen schroff ab. Er lässt die Personen, die solches fordern, einfach stehen (Mk 8,11–13). Wahrscheinlich hat er aber doch ein Zeichen in Aussicht gestellt. Lk 11,29 spricht von dem „Zeichen des Jonas", das Mt 12,40 auf die Auferstehung bezieht und Lk 11,30 auf die Bußpredigt auslegt. Sicher scheint jedenfalls, dass Jesus mit den Zeichen bzw. Wundern nicht den Unglauben überwinden will (oder kann). Sie erschließen sich als „Machttaten" Gottes nur dem, der Jesus schon vorgängig glaubt oder wenigstens sich einem solchen Glauben gegenüber offenhält.

4.5. Ethik

Jesus hat konkrete Weisungen vorgelegt. Sie finden sich verdichtet in zwei Überlieferungsstücken der Evangelien, nämlich in der „Feldrede“ des Lukasevangeliums (Lk 6,17–49) und in der „Bergpredigt“ des Matthäusevangeliums (Mt 5–7). Wie sind diese Lehren in ihrem Verhältnis zum jüdischen Hintergrund Jesu und zum jüdischem Gesetz (der Tora) zu sehen? Die klassische christliche und sehr entschieden die traditionelle evangelische Exegese hat in Jesus den Widerspruch zum jüdischen Gesetzesdenken und die Aufhebung der Tora gesehen. In neuerer Zeit wird zunehmend auf die Verankerung der Lehre Jesu im zeitgenössischen jüdischen und hellenistischen Kontext hingewiesen. Damit hängt ein zweites Grundproblem des Verstehens Jesu zusammen. War Jesus ein jüdischer Weisheitslehrer (die weisheitliche Ethik rechnet mit dem bleibenden Bestand der Welt und proklamiert zeitlos gültige Lebensregeln) oder ein eschatologisch motivierter Endzeitprophet (die eschatologisch geprägte Ethik setzt eine baldige Verwandlung der Welt voraus und artikuliert deshalb Weisungen für eine kurze Zwischenzeit, als Interimsethik)?

Seit etwa 1970 wird auf den sozialgeschichtlichen Hintergrund des Lehrens Jesu hingewiesen. Besonders *Gerd Theißen* hat die radikalen Forderungen der synoptischen Tradition, d. h. die Hochschätzung des Verzichtes auf Besitz, Heimat und materiellen Schutz und das Verlassen familiärer Bindungen, als Ausdruck der konkreten Situation Jesu und seines engeren Jüngerkreises ausgelegt. Diese Gruppe habe das in der Bergpredigt artikulierte radikale Ethos tatsächlich gelebt („Wanderradikalismus“). Nach dem Tod Jesu seien es diese wandernden Charismatiker gewesen, die die Botschaft Jesu weitergetragen hätten. Die Heimatlosigkeit, die zum Ideal erhoben worden sei, sei der Reflex einer „sozialen Entwurzelung“, die ihren Grund in der umfassenden Krise der damaligen jüdisch-palästinischen Gesellschaft habe. In einer

Weiterentwicklung seiner Position hat Theißen dann die konkrete Ethik Jesu als „Wertrevolution“ interpretiert, insofern Werte einer gesellschaftlichen Oberschicht, also die Worte zur Feindesliebe, zum Friedenstiften, zur Sorglosigkeit, zur Freizügigkeit im Umgang mit Besitz, zum Gelassensein usw., für gesellschaftliche Unterschichten zur Handlungsregel gemacht worden seien. Diese verschiedenen Zugänge zur Ethik Jesu lassen sich durchaus miteinander vermitteln. Andererseits ist aber stets daran festzuhalten, dass die Botschaft Jesu in ihrem Kern eschatologisch geprägt ist: Jesus proklamiert die Nähe und Ankunft der „Basileia“ Gottes.

Vor allem in Mk (z. B. Mk 9,5 u. ö.) und Joh (Joh 1,38 u. ö.), selten bei Mt (Mt 23,7f; 26,25.49), wird Jesus als „Rabbi“ angesprochen. Das aramäische Wort wird im Griechischen mit „didaskalos“ (Lehrer) wiedergegeben. Die Anwendung des Wortes „Rabbi“ auf Jesus zeigt, dass er dem zeitgenössischen Bild eines theologischen Lehrers entsprach, der Schüler um sich sammelte. Wo Jesus sich die dafür notwendige Kenntnis erarbeitet hat, ist historisch nicht nachweisbar, da wir von einer formalen Ausbildung bei einem bekannten Lehrer oder in einer Schule bzw. Tradition nichts wissen. Was lässt sich inhaltlich über seine Ethik sagen? Die jüdische Tora hat Jesus einerseits verschärft, andererseits entschärft. Radikalisiert hat Jesus die Tora (einschließlich der „Zehn Gebote“, also des Dekalogs) in den ethischen Geboten im engeren Sinne. Grundlegend fordert er eine Entscheidung zwischen Gottesverehrung und dem Dienst gegenüber dem Mammon (Mt 6,24; Lk 16,13): Man kann nicht zwei Herren dienen. Die entscheidende Forderung der Predigt Jesu besteht in dem Ruf zur Umkehr zu Gott, den Jesus konsequent als „Vater“ anredet. Diese Umkehr verwirklicht sich für Jesus in den Weisungen der Bergpredigt. Er spitzt hier den Dekalog zu. Nicht nur das Töten, schon der Zorn ist Schuld (Mt 5,21f). Nicht nur die Tat des Ehebruches, schon die innere Zustimmung dazu und das Begehren sind Schuld (Mt 5,27f). Ausdrücklicher Inhalt seiner Lehre ist das Verbot einer neuen Heirat von getrennt lebenden Ehepartnern. Für Jesus existiert die Ehe trotz der (im jüdischen Gesetz möglichen) Scheidung der Partner weiter (Mk 10,11f). Paulus, der im Falle einer Ehe mit Nichtchristen auf Wunsch des nichtchristlichen Partners die Trennung erlaubt (1 Kor 7,10f), und das Matthäusevangelium, das im Falle der „Unzucht" die Scheidung zugesteht (Mt 5,32; 19, 9), haben die uneingeschränkte Forderung Jesu gemildert. Unbedingt verbietet Jesus auch den Eid (Mt 5,33–37; Jak 5,12). Paulus dagegen leistet einen Eid, um die Wahrheit seiner Aussagen zu unterstreichen (2 Kor 11,31; Gal 1,20; Röm 9,1).

Die sechs Antithesen der Bergpredigt, die Mt überliefert, stellen jeweils einem alttestamentlichen Gebot die Weisung Jesu gegenüber.

1. Mt 5,21f:
„Ihr habt gehört, dass zu den Alten gesagt worden ist: *Du sollst nicht töten* (Ex 20,13); wer aber jemand tötet, soll dem Gericht verfallen sein. Ich aber sage euch: Jeder, der seinem Bruder auch nur zürnt, soll dem Gericht verfallen sein; und wer zu seinem Bruder sagt: Du Dummkopf!, soll dem Spruch des Hohenrates verfallen sein; wer aber zu ihm sagt: Du Narr!, soll dem Feuer der Hölle verfallen sein."

2. Mt 5,27:
„Ihr habt gehört, dass gesagt worden ist: *Du sollst nicht die Ehe brechen* (Ex 20,14). Ich aber sage euch: Wer eine Frau auch nur lüstern ansieht, hat in seinem Herzen schon Ehebruch mit ihr begangen."

3. Mt 5,31f:
„Ferner ist gesagt worden: *Wer seine Frau aus der Ehe entlässt, muss ihr eine Scheidungsurkunde geben* (Dtn 24,1). Ich aber sage euch: Wer seine Frau entlässt, obwohl kein Fall von Unzucht vorliegt, liefert sie dem Ehebruch aus; und wer eine Frau heiratet, die aus der Ehe entlassen worden ist, begeht Ehebruch."

Die Parallelstelle in Mk 10,11f, die älter ist und (nach dem „Kriterium der anstößigen Überlieferung") auf den historischen Jesus zurückgeht, nennt keine Ausnahme des Gebotes:
„Wer seine Frau aus der Ehe entlässt und eine andere heiratet, begeht ihr gegenüber Ehebruch. Auch eine Frau begeht Ehebruch, wenn sie ihren Mann aus der Ehe entlässt und einen anderen heiratet."
4. Mt 5,33f.37:
„Ihr habt gehört, dass zu den Alten gesagt worden ist: *Du sollst keinen Meineid schwören* (Ex 20,7; Num 30,3; Dtn 23,22), und: Du sollst halten, was du dem Herrn geschworen hast. Ich aber sage euch: Schwört überhaupt nicht… Euer Ja sei ein Ja, euer Nein ein Nein; alles andere ist vom Bösen."
5. Mt 5,38f:
„Ihr habt gehört, dass gesagt worden ist: *Auge für Auge* und *Zahn für Zahn* (Ex 21,24). Ich aber sage euch: Leistet dem, der euch etwas Böses antut, keinen Widerstand, sondern wenn dich einer auf die rechte Wange schlägt, dann halt ihm euch die andere hin."
6. Mt 5,43f:
„Ihr habt gehört, dass gesagt worden ist: *Du sollst deinen Nächsten lieben* (Lev 19,18). Ich aber sage euch: Liebt eure Feinde und betet für die, die euch verfolgen…"

Zentral für Jesus ist das Liebesgebot. Das AT kennt es als Gebot der Liebe zum Nächsten (Lev 19,18). Jesus radikalisiert es in drei Richtungen, nämlich als Liebe zum Feind (Mt 5,43–48 beendet damit die Antithesen der Bergpredigt; Lk 6,27f.35b beginnt mit dieser Weisung die Auflistung der Gebote der Feldrede) in jedweder Form, sei es als Prozessgegner, als Feind der eigenen Gruppe oder Gemeinschaft, als Kriegsgegner oder als religiöser Verfolger, weiter als Liebe zum Fremden (Lk 10,25–37) und schließlich als Liebe zum Sünder (Lk 7,36–50).

Gerade die radikalen Forderungen der Bergpredigt, speziell die sechs „Antithesen", die jeweils die Weisung Jesu einem alttestamentlichen Gebot gegenüberstellen, haben in der Geschichte des Christentums Schwierigkeiten bereitet. Sind sie verpflichtend für die, die sich auf den Weg der Nachfolge Jesu machen? In der Forschung wird darüber diskutiert, ob ihre konkrete Ausdrucksform, so wie sie in Mt vorliegt, zur Gänze auf Jesus zurückgeht oder ob die Antithesen der matthäische Reflex der Auseinandersetzungen zwischen Judentum und Christentum sind. Entscheidend ist allerdings, dass Jesus der Sache nach solche Gebote gegeben hat. Gelten sie nur für die damalige Situation einer enthusiastisch das baldige Weltende erwartenden Gruppe von „Wandercharismatikern", sind sie nur verpflichtend (als „evangelische Räte") für eine kleine Gruppe von Christen, die in Ordensgemeinschaften einen besonderen und radikalen Weg der Nachfolge gehen, oder sind sie Handlungsmaßstab für alle Christen?

Es gibt in der Christentumsgeschichte tatsächlich die Tendenz, mit ausdrücklichen Geboten Jesu so umzugehen, wie der brave Soldat Schwejk mit den Befehlen seiner Vorgesetzten umgegangen ist, nämlich nach dem Motto „Das ist ja alles nicht so ernst gemeint." Entweder werden die Weisungen dann als zeitgeschichtlich bedingt, als maßlose Überforderung und „Zielgebote", die sowieso in der Praxis nicht zu leben sind, oder als verbindlich nur für eine Elite hingestellt. Es ist allerdings nirgendwo in der Jesus-Überlieferung feststellbar, dass Jesus verschiedene Wege der Nachfolge im Auge hatte. *Joachim Gnilka* folgert deshalb in seinem Jesus-Buch die grundsätzliche Gültigkeit der radikalen jesuanischen Gebote auch heute (Jesus von Nazaret, 234): „Die Glaubwürdigkeit dieser radikalen Forderungen liegt allein bei Jesus. Er selbst hat diesen Weisungen in seinem Leben vollständig entsprochen. Er hat diese Gewaltlosigkeit geübt, sich in dieser Weise den Menschen preisgegeben und unbegrenzt von dem Seinen mitgeteilt. Weil diese Weisungen seiner Lebensform entsprechen, hat er sie überhaupt formuliert. Die Konvergenz von Wort und Tat schafft nicht nur die Glaubwürdigkeit, sondern sie verbürgt auch die Authentie der Weisung als Wort Jesu, und zwar in einem ganz dichten Sinn. Diese Worte sind nur als seine Worte denkbar. Für die Jünger, für uns bleiben diese Worte ein Stachel im Fleisch. ... Der Jünger ist durch die Weisung auf einen Weg gestellt, in den er sich einüben soll und auf dem er das gesteckte Ziel vor sich sieht. Auch wenn er das gesteckte Ziel nicht erreicht, besteht keine Veranlassung, zu verzweifeln oder die Jüngerschaft aufzugeben. Die Jüngerschaft aber wäre in Frage gestellt, wenn einer das gesteckte Ziel aus dem Blick verloren hat."

Eine „Entschärfung" der Norm der jüdischen Tora geschieht durch Jesus gewöhnlich in seiner Kritik an rituellen Weisungen. Sie werden nicht abgeschafft, aber es wird ihnen regelmäßig das Gebot zur mitmenschlichen Hilfeleistung übergeordnet. So relativiert Jesus den Sabbat (Jesus und seine Jünger raufen Ähren am Sabbat, um sich zu ernähren; Jesus heilt am Sabbat); er nennt soziale Verpflichtungen wie Recht, Barmherzigkeit und Treue wichtiger als das Gebot, den Zehnten zu geben (Mt 23,23); er fordert auf, sich zuerst mit dem Mitmenschen, mit dem einer im Streit liegt, zu versöhnen, bevor man das Opfer zum Altar bringt (Mt 5,23f); und er stellt grundsätzlich die jüdische Voraussetzung in Frage, dass der Mensch durch äußere Gegenstände „unrein" gemacht werden könne (Mk 7,15). *Ernst Käsemann* war der Ansicht, dass Jesus mit dieser Abweisung der jüdischen Reinheitsgebote die Autorität der Tora selbst in Frage gestellt habe. Im Grunde scheint Jesus aber mit dieser Normentschärfung im Blick auf die Ritualgebote seine hauptsächliche Adressatengruppe ins Visier zu nehmen, die „Zöllner und Sünder", also Randgruppen in Israel. Die „Umkehr", von der Jesus spricht, ist – anders als in Qumran oder bei den Essenern – keine Umkehr zu einem strengen Gehorsam gegenüber einer in den Ritualgeboten zugespitzten Tora, sondern zur „Basileia" Gottes.

4.6. Mahlgemeinschaft

Jesus hat in verschiedener Weise Mahlgemeinschaften gefeiert, mit seinen Jüngern, mit Angehörigen anderer religiöser Gruppen in Israel und mit „Zöllnern und Sündern". Dieser Umgang wurde ihm zum Vorwurf gemacht. Mk 11,19 scheint auf einen Spottvers gegen ihn Bezug zu nehmen: „Fresser und Säufer, der Zöllner und Sünder Gesell." Mit Sozialkritik und Umsturz in einem modernen Sinn hat dieses Verhalten wenig zu tun. Die „Zöllner" waren nicht die Unterdrückten und Ausgebeuteten. Als Kollaborateure der Besatzungsmacht standen sie im Gegenteil an der Seite der Ausbeuter. Aus eben diesem Grund waren sie gesellschaftlich und religiös an den Rand gedrängt.

Das in der Tradition wichtigste Mahl ist das letzte Mahl, das Jesus mit seinen Jüngern vor seinem Tod gehalten hat, das „letzte Abendmahl". In den Forschungen wurden zwei Punkte diskutiert: War das letzte Abendmahl die Fortsetzung der alltäglichen Mahlgemeinschaften Jesu, also sozusagen ihr Höhepunkt und ihre Erfüllung, oder war es die Stiftung eines neuen Kultritus in einem sakramentalen Mahlgeschehen? Damit hängt die weitere Fragestellung zusammen, ob das letzte Abendmahl in der Passahnacht stattfand, also ein Passahmahl war, oder ob es zwar im Blick auf das Passahfest, aber noch vor ihm gehalten wurde. Die letzte Frage ist noch heute umstritten.

Joachim Jeremias und vor kurzem *Joachim Gnilka* argumentieren, dass Jesus sein letztes Mahl als Passahmahl feierte. Nach Ex 12,3 wird es als Familienfest (mit Frauen und Kindern) begangen. Es war vorgeschrieben, dies in der Nacht und innerhalb der Mauern Jerusalems abzuhalten. *Gerd Theißen* und *Annette Merz* haben in letzter Zeit dafür plädiert, das letzte Mahl sei kein Passahmahl gewesen. Denn nach Mk 14,17 seien nur die zwölf Jünger (und nicht die mit Jesus ziehenden Jüngerinnen) anwesend gewesen. Auch sei es historisch unwahrscheinlich, dass die Kreuzigung Jesu und alle im Umfeld der Hinrichtung Jesu sich abspielenden Geschehnisse, die uns überliefert sind, sich an einem Passahfest zugetragen hätten. Diese Debatte kann man wohl den Spezialisten überlassen.

Sicher ist nach der Meinung der allermeisten Exegeten, dass Jesus tatsächlich ein letztes Mahl mit seinen Jüngern gefeiert hat. In dieser Situation hat er auch sein künftiges Geschick interpretiert. Die in der Liberalen Leben-Jesu-Forschung und zuweilen bis heute vertretene Meinung, Jesus sei nach Jerusalem gezogen, um dort die Ankunft des Gottesreiches zu erwarten, ohne dass er mit seinem eigenen Tod rechnete, macht aus Jesus einen eher naiven politischen Tagträumer. Die Situation des Konfliktes spitzte sich gerade in Jerusalem dramatisch zu. Die Mehrheit der Exegeten nimmt deshalb mit wohl guten Gründen an, dass Jesus ernsthaft die Möglichkeit seines gewaltsamen Todes bedacht und dass er dieses Sterben und den Bezug seines Todes zu dem von ihm immer erwarteten und verkündeten Kommen der „Basileia" Gottes auch religiös-theologisch gedeutet hat. Der logische Ort, diese Interpretation den Jüngern vorzutragen, war das letzte Abendmahl. Dieses letzte Mahl war eine Symbolhandlung, wie sie von den Propheten des AT (Hosea heiratet auf Befehl Jahwes eine Dirne, um das Verhältnis Gottes zu seinem Volk auszudrücken: Hos 1,2–9; Jeremia zerbricht einen Krug, um die kommende Zerstörung Jerusalems zu bezeichnen: Jer 19,1–15) und auch sonst bei Jesus (die Einsetzung der Zwölf als Wiederherstellung des Zwölf-Stämme-Volkes Israel, das Mahl mit „Zöllnern und Sündern" als Hinweis auf das eschatologische Mahl Gottes mit den Menschen) vertraut ist. Wahrscheinlich hat Jesus sein Leiden mit dem Bild des Gottesknechtes gedeutet, wie ihn Jes 53,11f schildert: „Mein Knecht, der gerechte, macht die vielen gerecht; er lädt ihre Schuld auf sich. ... Denn er trug die Sünden von vielen und trat für die Schuldigen ein." Damit versteht Jesus sein Sterben als Sühne für das Sich-Verweigern des Gottesvolkes Israel und als

Gewährung eines (neuen) Heilsangebotes Gottes an die Menschheit.

Zu den Worten, die Jesus damals gesprochen hat, gibt es zwei Überlieferungen. Paulus (1 Kor 11,23–25) berichtet, was ihm selbst mitgeteilt wurde: „Jesus, der Herr, nahm in der Nacht, in der er ausgeliefert wurde, Brot, sprach das Dankgebet, brach das Brot und sagte: Das ist mein Leib für euch. Tut dies zu meinem Gedächtnis. Ebenso nahm er nach dem Mahl den Kelch und sprach: Dieser Kelch ist der Neue Bund in meinem Blut. Tut dies, sooft ihr daraus trinkt, zu meinem Gedächtnis." Ähnlich schildert es Lk 22,19f. Mk 14,22–24 (und vergleichbar Mt 26,26–28) hat folgenden Text: „Während des Mahls nahm er das Brot und sprach den Lobpreis; dann brach er das Brot, reichte es ihnen und sagte: Nehmt, das ist mein Leib. Dann nahm er den Kelch, sprach das Dankgebet, reichte ihn seinen Jüngern, und sie tranken alle daraus. Und er sagte zu ihnen: Das ist mein Blut, das Blut des Bundes, das für viele vergossen wird." Das Johannesevangelium schildert ebenfalls ein Abschiedsmahl Jesu mit seinen Jüngern (Joh 13f), erwähnt aber keine Worte Jesu über Brot und Kelch, sondern die Fußwaschung, die Jesus als Inbegriff seines Lebens und als Auftrag an die Jünger darstellt (Joh 13,12–15).

Die Unterschiede zwischen Paulus und Mk sind: Paulus spricht von der Nacht, in der Jesus verraten wurde. Das „Deutewort" zum Brot („Das ist mein Leib...") wird im Deutewort zum Kelch nicht parallel wiederholt („Dieser Kelch ist der Neue Bund in meinem Blut"). Der Kelch wird als „neuer Bund" gedeutet, der durch Jesu Sterben geschlossen wird. Die Erläuterung, diese Gabe sei zum Heil („für euch"), findet sich nur beim Wort zum Brot. Das Ganze wird als Stiftung einer Liturgie beschrieben. Mk spricht ausdrücklich von einem Passahmahl (Mk 14,16). Die beiden Deuteworte sind streng parallel gesetzt („Das ist mein Leib... Das ist mein Blut..."). Das Blut wird als „Blut des Bundes" beschrieben. Die Beschreibung der Gabe als Heilszuwendung („für viele") findet sich nur beim Kelchwort. Von einer Wiederholung wird nicht geredet. Der gemeinsame Nenner der beiden Darstellungen ist jedenfalls, dass Jesus die beiden Elemente Brot und Wein auf sich bezogen hat, dass er mit dieser Gabe eine Heilszusage verband und dass er in diesem Geschehen einen Bund ausgedrückt sah.

5. Die Zentralfrage der Auferstehung

Manche Jesus-Bücher behandeln die Auferstehung entweder überhaupt nicht oder widmen ihr nur ein kurzes (Nach-)Wort. Damit ist allerdings das Besondere des christlichen Glaubens ausgeklammert. Der christliche Glaube wird in Röm 10,9 in Form einer Gleichung dargestellt: „Wenn du mit deinem Mund bekennst: ‚Jesus ist der Kyrios (Herr)' und in deinem Herzen glaubst: ‚Gott hat ihn von den Toten auferweckt', so wirst du gerettet werden." Auf der einen Seite der Gleichung steht die Person des irdischen Jesus, des Predigers aus Nazaret, der in einer bestimmten Region eine Anzahl von Monaten oder Jahren gewirkt hat. Auf der anderen Seite der Gleichung steht der Gottestitel „Kyrios". Die Gleichsetzung wird für Paulus durch den Glauben an die Auferstehung vermittelt. Das Leben Jesu als Modell vorbildlichen Lebens und seine Botschaft als Programm zu einer größeren Humanisierung der menschlichen Lebenswelt oder zu einer vertieften Religiosität bilden die eine Seite, in der Christen auch mit Nichtchristen verschiedener Weltanschauung übereinkommen. Die andere Seite bildet bis heute den Unterscheidungspunkt.

Der Glaube an die Auferstehung bzw. der „Osterglaube" ist von entscheidender Wichtigkeit für das Verständnis Jesu und für den christlichen Glauben. Paulus erklärt sogar die Rede von der Auferstehung Jesu (und der Toten) zur Grundaussage des Christentums, an der die gesamte christliche Botschaft (einschließlich der Verkündigung des irdischen Jesus) hängt (1 Kor 15,3f): „Wenn es keine Auferstehung der Toten gibt, ist auch Christus nicht auferweckt worden. Ist aber Christus nicht auferweckt worden, dann ist unsere Verkündigung leer und euer Glaube sinnlos." Die neutestamentlichen Zeugnisse sind eindeutig. Sie berichten, dass das Grab leer war und dass der „Herr" einigen seiner

Jüngerinnen und Jünger erschienen ist. Wie sind die Berichte zu verstehen? Das hängt natürlich vom jeweiligen Vorverständnis ab. Man wird diese Berichte anders lesen, wenn man grundsätzlich mit einem objektiven Eingreifen Gottes in die Welt rechnet oder ein solches Eingreifen wenigstens nicht von vornherein ausschließt, als wenn man z. B. deistisch (Gott handelt grundsätzlich nicht mehr außerhalb der Naturgesetze in seiner Schöpfung) oder atheistisch (es gibt überhaupt keinen Gott) prinzipiell die Möglichkeit eines göttlichen Einwirkens auf die Welt leugnet. Das heutige naturwissenschaftlich geprägte Alltagsdenken und Wirklichkeitsverständnis streitet kategorisch die Möglichkeit der Auferstehung eines Toten ab und proklamiert als Gewissheit: Wer tot ist, ist und bleibt tot. Damit ist allerdings schon das Ergebnis einer historischen Prüfung der Auferstehungsgeschichte vorweggenommen. Grundsätzlich bestehen drei Formen, die christliche Botschaft des Paulus und der Evangelien und das moderne Wirklichkeitsverständnis aufeinander zu beziehen:

(1) Der Widerspruch
Man kann sagen, die neutestamentlichen Erzählungen seien selbstverständlich zu verstehen als Darstellung einer Wirklichkeit, die sich objektiv zugetragen habe. Dann wäre die moderne Wirklichkeitsdeutung einseitig und griffe zu kurz.

(2) Der Kompromiss
Man kann erklären, Jesus sei zwar auferstanden, aber nicht mehr in diese Weltwirklichkeit hinein. Seine Auferstehung ist kein historisches Ereignis, sondern gehört einer anderen Ebene von Wirklichkeit an.

(3) Die Anpassung
Man kann die Auffassung vertreten, das neuzeitliche Wirklichkeitsverständnis sei das maßgebende. Die Osterberichte sind dann zu deuten als subjektive Phantasieprodukte oder als absichtlicher Betrug der ersten Jüngergemeinde.

Die christliche Theologie bewegt sich in der Beschreibung der Auferstehung in einem Rahmen, der durch die beiden ersten Positionen umschrieben ist. Die letztgenannte Position wird in der Theologie kaum vertreten. Sie ist als theologische auf Dauer auch in höchstem Maße problematisch angesichts der sehr eindeutigen Aussage des Paulus und des NT insgesamt, wie fundamental die Auferstehung für den christlichen Glauben ist. Außerhalb des Christentums stellt sie allerdings die gebräuchliche Deutung der Osterberichte dar. Die Aufmerksamkeit, die *Gerd Lüdemann* (Die Auferstehung Jesu. Historie – Erfahrung – Theologie, Göttingen 1994) vor einigen Jahren erhalten hat, beruht wohl zu einem großen Teil darauf, dass hier von einem Theologen im Hinblick auf die Auferstehung eine Auffassung vertreten wurde, die bisher dem außerchristlichen und christentumskritischen Denken vorbehalten war. Lüdemann ist in seinem Buch offenkundig der Meinung, man könne die traditionellen Vorstellungen von der Auferstehung Jesu als erledigt betrachten und trotzdem noch Christ sein. Der Grund des christlichen Glaubens ist für ihn der historische Jesus. „Ostern" bzw. die „Auferstehung" fügt dem im Wort und in der Geschichte Jesu, wie sie durch Texte vorgegeben und durch die historische Kritik rekonstruiert werden, Zutagetretenden nichts hinzu. Das christliche Bekenntnis durch die Jahrhunderte hindurch ist auf die eine Seite der Gleichung reduziert.

5.1. „Natürliche" Erklärungen der Auferstehung

Folgende Hypothesen wurden bisher angeboten, um die Auferstehung (bzw. die Berichte von ihr) „natürlich" zu erklären:

Betrugshypothese

Die Betrugshypothese wird bereits von Mt 27,62–28,15 und Joh 20,1–18 vorausgesetzt und zurückgewiesen. Im 2. Jahrhundert wird sie von dem griechischen Philosophen *Kelsos* vertreten, auf den der christliche Theologe *Origenes* antwortet. In der Aufklärung bekräftigt *Hermann Samuel Reimarus* die Hypothese. Sie besagt in seinen Worten, „dass die Jünger des Nachts zum Grabe gekommen, den Körper gestohlen und darnach gesagt (haben), Jesus sei auferstanden".

In eine ähnliche Richtung zielt auch die Scheintodhypothese, die immer mal wieder selbst wiederbelebt wird. Sie besagt, dass Jesus gar nicht tot gewesen sei. Er sei schwerverletzt von seinen Jüngern, von einem Freundeskreis um Josef von Arimathäa oder gar von den Essenern geborgen und versteckt worden – und habe dann weitergelebt.

Eine weitere Variante der Betrugshypothese ist die Umbestattungshypothese. Josef von Arimathäa (oder der Gärtner) habe Jesus nur provisorisch in einem Grab beigesetzt und dann ohne Kenntnis der Jüngergemeinde an anderer Stelle begraben. Den Jüngerinnen und Jüngern sei nur die ursprüngliche Grablege bekannt gewesen.

Religiös motiviert (ein Bote Gottes kann nicht scheitern) ist die Version des Koran in Sure 4,157: Am Kreuz sei ein Doppelgänger oder ein Scheinleib hingerichtet worden. Jesus selbst sei von Gott unmittelbar in den Himmel erhöht worden.

Evolutionshypothese

Beeinflusst von den Entdeckungen der Religionsgeschichtlichen Schule hat etwa der jüdische Philosoph *Martin Buber* eine solche Position vertreten. Der Glaube an die Auferstehung ist in dieser Sicht eine Verdichtung von damals gängigen Ideen und Erwartungen in antiken und hellenistischen Mysterienkulten und in der jüdischen Apokalyptik.

Urheber dieser Hypothese in der Neuzeit ist *David Friedrich Strauß* in seinem Werk „Das Leben Jesu kritisch bearbeitet“ (2 Bände, Tübingen 1835.1836). Sie begegnet schon in einer kurzen Bemerkung ebenfalls bei *Kelsos*, stand dann im Mittelpunkt der Diskussion der zweiten Hälfte des 19. Jahrhunderts und fand ihren jüngsten Vertreter in *Gerd Lüdemann*. Dieser Hypothese zufolge hatten die Jünger nach einer Phase der Enttäuschung und der Depression aufgrund des räumlichen und zeitlichen Abstandes von der Situation der Kreuzigung und einer Zeit der Reflexion auf das Geschick Jesu subjektive Visionen oder Halluzinationen. Im theologischen Sprachgebrauch wird das Wort „Vision“ in der Regel neutral verwendet. Eine „subjektive“ Vision entspricht einer Halluzination, die eingebildet oder krankhaft ist. Eine „objektive“ Vision hat einen (wie auch immer dann noch genauer zu bestimmenden) gegenständlichen Bezug bzw. spiegelt eine außerobjektive Wirklichkeit. Die subjektiven Visionen bzw. Halluzinationen der ersten „Zeugen“ bewirkten geradezu eine Epidemie von Christusvisionen, bei denen der eine den anderen angesteckt hat. Ausgangspunkt dieser Form von Massenhysterie war wohl die besondere angeborene oder durch die Umstände hervorgerufene psychische Verfassung einzelner Individuen. Strauß bemerkt, dass namentlich bei Frauen und zumal bei einer Frau wie Maria von Magdala „von der inneren Aufregung bis zur Vision kein großer Schritt“ sei. Lüdemann hatte die aufgewühlte Gemütslage von Petrus und Paulus hervorgehoben. Die Behauptung der Auferstehung war also kein bewusster Betrug der Jünger, sondern „Selbsttäuschung“. Die Jünger waren subjektiv ehrlich davon überzeugt, tatsächlich den Auferstandenen gesehen zu haben.

Rudolf Bultmann hatte sich zum Programm gemacht, die Botschaft der biblischen Texte vom „mythischen“ Weltbild der Bibel zu lösen und sie „entmythologisiert“ in das wissenschaftliche Weltbild unserer Zeit hinein zu übersetzen. Er unterscheidet dazu in einer eigenwilligen Begrifflichkeit, die etwa im Englischen oder im Französischen kaum wiedergegeben werden kann, zwischen „historisch“ und „geschichtlich“ und zwischen „Mirakel“ und „Wunder“. „Historisch“ ist etwas, das in seiner Tatsächlichkeit und in seinem objektiven Ablauf detailliert beschreibbar ist. „Geschichtlich“ dagegen ist etwas, das „für mich“ bzw. „für uns“ von Bedeutung ist. „Mirakel“ ist für Bultmann ein „wunderbares“ Ereignis, das den gesetzmäßigen Ablauf des Naturgeschehens durchbricht, während „Wunder“ eine Tat Gottes „an uns“ ist, die als solche geglaubt wird.

Was ist nun die Auferstehung Jesu für Bultmann? „Historisch“ sind für ihn nur das Kreuz und der Osterglaube der ersten Jünger. Mehr lässt sich „historisch“ über die Auferstehung Jesu nicht sagen. Eine historische Rückfrage auf das Auferstehungsgeschehen wäre aber nach Bultmann auch theologisch nicht zu rechtfertigen. „Der christliche Osterglaube ist an der historischen Frage nicht interessiert.“ Entscheidend ist für ihn das Geschichtliche. Belanglos sind deshalb für ihn die Fragen nach dem Auferstehungsgeschehen (im Sinne eines „Mirakels“) oder nach dem historischen Kern der Ostererzählungen. Der Ausgangspunkt für den Glauben ist das Kreuz. Die Auferstehung ist dann nicht „ein beglaubigendes Mirakel“, das den Glauben gleichsam historisch grundlegen könnte, sondern ein Glaubensgeschehen. Anders ausgedrückt in den Worten Bultmanns: „… der Auferstehungsglaube ist nichts anderes als der Glaube an das Kreuz als Heilsereignis …“ Was sich damals historisch an Jesus nach dessen Kreuzigung ereignet hat, ist nach seiner Auffassung ohne Bedeutung für den Glauben. Ostern ist also Gottes Tat nicht eigentlich an Jesus, sondern an den Jüngern.

Menschen haben Jesus „gesehen"

Willi Marxsen (Die Auferstehung Jesu von Nazareth, Gütersloh 1968) hat mit seinen Aussagen zur Auferstehung einige Jahre für Aufsehen gesorgt. Er stellt (ähnlich wie Bultmann) die Auferstehung als ein Geschehen an den Jüngern und nicht an Jesus dar. Als erster hat Simon (Petrus) nach Karfreitag Jesus „gesehen". Was sich da genau historisch ereignet hat, lässt sich heute nicht mehr feststellen. Es ist auch nach Marxsen für den Glauben „völlig unerheblich". Dieses „Sehen" ist ein neues Sich-Zurückbeziehen auf den irdischen (!) Jesus und seine „Sache". Bestimmte Menschen aus dem Jüngerkreis Jesu haben nach seinem Tode erkannt, dass der irdische und gekreuzigte Jesus auch jetzt noch zum Glauben ruft, so dass die „Sache Jesu" weitergeht. Sie haben dieses Sehen Jesu mittels des Modells (Marxsen spricht vom „Interpretament") der Auferstehung gefasst. Auch wenn dies damals vielleicht notwendig war, so ist es heute nicht mehr zulässig. Die Rede von der Auferstehung Jesu bezeichnet nämlich kein wie auch immer für unseren Glauben bedeutsames objektives bzw. historisches Faktum an Jesus selbst, sondern ist ein zeitbedingtes und letztlich verzichtbares „Interpretament unter anderen". Der Sachverhalt, den der Begriff „Auferstehung" ausdrücken will, heißt: Jesus ist auch heute noch wichtig für meine Lebensgestaltung und -bewältigung. Der Zweck der Rede von der Auferstehung ist die Selbstverpflichtung der Jünger im Sinne des Satzes: „Die Sache Jesu geht weiter."

Der Begriff der Auferstehung entstammt einem überholten Weltbild und verstellt die gemeinte Sache

Hansjürgen Verweyen (Gottes letztes Wort. Grundriss der Fundamentaltheologie, Regensburg [3]2000, 338–362, 441–480) bedient sich religionskritischer Argumente gegen die „Auferstehung". Der Begriff unterliegt dem doppelten Verdacht eines ichbezogenen Wunschdenkens, das das eigene Leben nicht loslassen will, und der Entwertung des Diesseits zur Probezeit für das eigentliche Leben des Jenseits. Überdies kann die Vorstellung der Auferstehung keine Antwort darauf geben, warum Unschuldige leiden müssen. Das Wort „Auferstehung" verstellt die Sache, die es beschreiben will, denn es läßt sich nicht lösen von dem endzeitlich-katastrophischen Weltbild der Apokalyptik, dem es zugehört und das ein Leben der Toten aus Gottes Hand erst nach der Zerstörung dieser verdorbenen Welt kennt. Gott hat sich von Anfang an mit Jesus von Nazaret identifiziert und die Jünger Jesu haben dies auch schon zu seinen Lebzeiten erkannt, so dass ein übernatürliches Eingreifen Gottes in der Auferstehung Jesu, um den Glauben an die Gottessohnschaft zu erwecken, nach der Kreuzigung gar nicht notwendig war. Die Berichte von Ostererscheinungen sind einem Historiker nicht zugänglich. Sie fallen nach Verweyen eher in das Gebiet der Parapsychologie. Fundamentaltheologisch sei das „Wie" der österlichen Vorgänge auch uninteressant.

Die Auferstehung ist „kein Vorkommnis in Raum und Zeit"

Georg Essen (Historische Vernunft und Auferweckung Jesu. Theologie und Historik im Streit um den Begriff geschichtlicher Wirklichkeit, Mainz 1995) und *Hans Kessler* (Sucht den Lebenden nicht bei den Toten. Die Auferstehung Jesu Christi in biblischer, fundamentaltheologischer und systematischer Sicht, Neuausgabe mit ausführlicher Erörterung der aktuellen Fragen, Würzburg 1995) nehmen als Ausgangspunkt ihrer Überlegungen die Osterereignisse. Darunter verstehen sie die Erlebnisse der so genannten „Erstzeugen“, denen in „Erscheinungen“ geoffenbart wird, dass Jesus auferstanden ist. Dies geschieht dadurch, dass sie den auferstandenen Jesus sehen. Die Auferstehung Jesu selbst ist jedoch kein Vorkommnis in Raum und Zeit. Sie geschieht nämlich an einem Toten; der Tod ist aber für Kessler der Ausstieg aus der Zeit. So ist der Begriff „Auferstehung“ (ähnlich wie die vergleichbaren Begriffe „Erhöhung“ oder „Verherrlichung“) eine Bildrede für ein durchaus wirkliches Geschehen, das sich indes der sinnlichen Anschauung und einer nachprüfbaren Feststellbarkeit entzieht. Zugespitzt ausgedrückt: Nach Kesslers Ansicht hätte eine im Grab aufgestellte Video-Kamera nichts aufgenommen. Die Auferstehung Jesu ist also für ihn nicht „Wiederbelebung eines Leichnams“, sondern Gottes Handeln an einer Person im Augenblick des Todes, ohne dass dies durch naturwissenschaftliche Überprüfungsmethoden nachgewiesen werden kann.

5.2. Elemente einer biblisch begründeten Rede von der Auferstehung Jesu

Das NT verwendet zwei Vorstellungen, um die gemeinte Sache auszudrücken. Die eine Vorstellung wird durch das griechische Wort „egeirein“ (auferwecken) beschrieben. „Auferwecken“ lässt an eine Tat Gottes an Jesus denken. Er wird von Gott auferweckt (z. B. Röm 10,9; 1 Kor 6,14; 15,15; 1 Thess 1,10; Apg 3,15). Eine andere Formel, die vielleicht etwa gleichzeitig entsteht wie die Rede von der „Auferweckung“, heißt „Erhöhung“ (vgl. z. B. Phil 2,9; Apg 2,33; 5,31; Joh 3,14; 8,28; 12,32). Auch sie deutet Jesus als den „passiven“ Empfänger des Gnadenhandelns Gottes.

Die zweite Vorstellung schildert ein aktives Tun mit dem griechischen Wort „anhistanai“ (auferstehen): Jesus ersteht selbst von den Toten (z. B. 1 Thess 4,14; 1 Petr 1,3; 3,21).

Aus der „Erhöhung“ Jesu wird ein „Stehen“ (Apg 7,55) oder „Sich-Setzen“ und „Sitzen zur Rechten des Vaters“ (Kol 3,1; Hebr 1,3; 8,1; 10,12; 12,2; 1 Petr 3,22). Die neutestamentlichen Autoren verwenden beide Vorstellungen nebeneinander (z. B. Paulus: 1 Thess 1,10 und 4,14) und sehen hier keinen Widerspruch. Das älteste literarisch greifbare Zeugnis von der Auferstehung ist wohl die ursprünglich im urchristlichen Gottesdienst beheimatete eingliedrige Auferweckungsformel, die entweder die Form eines Aussagesatzes „Gott hat Jesus aus (den) Toten auferweckt“ (z. B. Röm 10,9; 1 Kor 6,14; 15,15; 1 Thess 1,10; Apg 3,15) oder einer Beschreibung Gottes mit einem beigefügten Satzteil „Gott, der Jesus aus (den) Toten auferweckt hat“ (z. B. Röm 4,24; 8,11; 2 Kor 4,14; Gal 1,1) besitzt. Sie enthält vier Teile:

(1) Das Subjekt des Auferweckungshandelns ist Gott.
(2) Das Objekt dieses Handelns ist (der gekreuzigte) Jesus.
(3) Es handelt sich um ein Handeln in der Vergangenheit. Gott hat (einmalig) Jesus auferweckt.
(4) Die Auferweckung wird als Loslösung „aus (den) Toten“ beschrieben.

Eine ebenfalls sehr alte Formel ist die Anrufung des Auferweckten und Erhöhten, etwa in dem aramäischen Ruf der Urgemeinde „Maràna tha“ (unser Herr, komm!) (1 Kor 16,22; vgl. Offb 22,20). Ausgestaltete und bearbeitete Formeln entfalten dieses Bekenntnis. Ein Beispiel dafür ist die Formel 1 Kor 15,3–5 (und 6–7), die ebenfalls sehr alt ist. Sie entstammt wahrscheinlich dem frühen griechisch-sprechenden Judenchristentum und geht vielleicht sogar auf eine aramäische Vorlage zurück: „Christus ist für unsere Sünden gestorben, gemäß der Schrift, und ist begraben worden. Er ist am dritten Tag auferweckt worden, gemäß der Schrift, und erschien dem Kephas (= Petrus), dann den Zwölf.“ Im Grunde ist das eine Zusammenfassung der frühen christlichen Verkündigung. Es ist die Rede von Jesu Tod, Begräbnis, Auferweckung und Erscheinung. Jesu Tod wird als Sühnesterben („für unsere Sünden“) dargestellt. Dieser

Sühnetod und die Auferweckung („am dritten Tag“) werden als Erfüllung alttestamentlicher Verheißungen („gemäß der Schrift“) bezeichnet. Als Beleg für Jesu Erscheinung, griechisch „ophthe“ = er „erschien“ oder er „wurde (von Gott) sichtbar gemacht“, werden sechs Zeugen bzw. Zeugengruppen, Kephas bzw. Petrus und die Zwölf, eine Gruppe von 500 Personen, dann Jakobus und alle Apostel (und schließlich Paulus selbst: 1 Kor 15,8), genannt.

Jünger als die kurzen Formeln zur Auferstehung, die im Dienst der Verkündigung und der Selbstvergewisserung des Glaubens standen, sind die Erzählungen. Hier wird in der Exegese unterschieden zwischen Erzählungen vom leeren bzw. geöffneten Grab und Erscheinungsberichten. Erzählungen vom leeren Grab finden sich in allen vier Evangelien (Mt 18,1–8; Mk 16,1–8; Lk 24,1–12; Joh 20,1–13). Im 20. Jahrhundert wurde in der Theologie eine intensive Debatte darüber geführt, ob die Existenz des leeren Grabes historisch aufweisbar ist. Besonders der evangelische Kirchenhistoriker *Hans von Campenhausen* und der evangelische systematische Theologe *Wolfhart Pannenberg* und auf katholischer Seite die Dogmatiker *Leo Scheffczyk* und *Raymund Schwager* haben sehr eindringlich die Auffassung vertreten, dass das Grab leer gewesen sei. Die Mehrheitsmeinung der heutigen Forschung scheint zu sein, dass die Frage offen bleiben kann. Zwar berichten alle neutestamentlichen Zeugen, dass das Grab tatsächlich leer war – und es gibt keinen vernünftigen Grund, an ihrer Aussage zu zweifeln. Das Auffinden des „vollen“ Grabes Jesu (oder eine glaubwürdige Erinnerung daran) wäre für die jüdische und heidnische (Kelsos!) Progaganda ein schlagkräftiges Argument gewesen. Auch heute noch wäre es ein Problem mindestens für die Glaubwürdigkeit aller neutestamentlichen Zeugen, wenn ein Grab mit Gebeinen und der historisch beglaubigten Aufschrift „Jesus von Nazaret“ gefunden würde.

Andererseits ist aber auch darauf hinzuweisen, dass im biblischen Denken die „Leiblichkeit“ der Auferstehung

Piero della Francesca, Auferstehung, Fresco 1463

nicht die Identität mit einem bestimmten, aus biochemischen Elementen zusammengesetzten Körper, der sich schon innerhalb des Lebens ständig verändert, und auch nicht die bloße Verlängerung des irdischen Lebens meint, sondern bei aller durchgehaltenen Identität einer individuellen Person auch eine Verwandlung und beinahe Neuschöpfung (Auferstehung) beschreiben will. Aus diesem Grunde äußert sich Paulus in seinem großen Auferstehungskapitel 1 Kor 15 sehr zurückhaltend über die Existenzweise nach der Auferstehung (1 Kor 15,35–58). Wichtiger noch: Nirgendwo in den Evangelien wird das leere Grab als Beweis der Auferstehung angeführt. Die historisch wahrscheinliche Nachricht, dass das Grab leer aufgefunden wurde, kann vielfältig gedeutet werden (Diebstahl, Umbettung, Verwechslung). Das zeigen schon die Evangelien (Mt 28,11–15; Joh 20,15). Das leere Grab ist also für den Osterglauben kein durchschlagender Beweis, wohl aber ein hilfreiches Zeichen.

Synopse der Ostererscheinungen nach dem Bericht der Evangelien

Mt	Mk	Lk	Joh
Eine Wache sichert das Grab:			
27,62–66			
Das Grab ist leer:			
28,1–8	16,1–8	24,1–12	20,1–10
Der Auferstandene erscheint:			
28,9f.16–20	16,9–14	24,13–49	20,11–29
(vor zwei Frauen, darunter Maria von Magdala, dann vor der Gruppe der Elf)	(zuerst vor Maria von Magdala, dann vor einzelnen Personen und der Gruppe der Elf)	(vor zwei Emmaus-Jüngern, etwa zeitgleich vor Petrus, dann vor den Aposteln)	(vor Maria von Magdala, dann vor den Jüngern und vor Thomas)

Entscheidend sind die Erscheinungen. Eigentliche Erscheinungserzählungen (Christusvisionen) finden sich ausführlich bei Lk (einschließlich Apg) und Joh. Mt erwähnt zwei kurze Erscheinungen vor den Frauen (Mt 28,9f) und den Jüngern (Mt 28,16–20 mit dem Sendungsbefehl). Mk hat Erscheinungserzählungen nur in dem wohl später angefügten Schluss Mk 16,9–20. Als Grundmomente dieser Christuserscheinungen (Christophanien) kann man festhalten:

- Die Initiative liegt bei Christus. Er kommt zu den Jüngern bzw. Jüngerinnen.
- Nach einer Phase der Unsicherheit und des Zweifelns, manchmal auch des Erschreckens, folgt ein (zuweilen verzögertes) Erkennen. Es ist die Feststellung einer Identität: Der Auferstandene ist der Gekreuzigte.
- Die Christuserscheinungen ermächtigen zu Zeugenschaft und Sendung.
- Die Christuserscheinungen verheißen den Beistand des Geistes Christi und die Gegenwart des Auferstandenen in der Jüngergemeinde.

Was ist nun tatsächlich passiert? Folgende Punkte gelten als gesichert:

Nach dem Bericht des NT ist niemand Zeuge des Auferstehungsvorganges gewesen

Das NT vermeidet eine Beschreibung des tatsächlichen Auferstehungsvorganges. Ein Bericht des apokryphen Petrusevangeliums aus dem 2. Jahrhundert schildert realistisch, wie zwei Männer in einem Lichtglanz den Auferstandenen aus dem Grab herausgeleiten. Bilder der Kunst des Westens seit dem 11. Jahrhundert stellen diese Szene dar, in der Jesus oft einen Stab, einen Siegeswimpel oder ein Kreuz trägt und die Hervorhebung der Wundmale die Identität mit dem Gekreuzigten betont. Angesichts der suggestiven Macht dieser Bilder ist allerdings festzuhalten, dass das NT über das konkrete Wie des Auferstehungsvorganges schweigt.

Die Zeugen sehen den schon Auferstandenen, nicht das Geschehen selbst

Wie auch immer man sich das Auferstehungsgeschehen vorstellen mag (als dessen Folge dann – nach dem Bericht des NT – das Grab leer war), die Zeugen, die den Auferstandenen sehen, nehmen ihn in Erscheinungen und „Visionen" wahr. In Apg 9 (vgl. Apg 22; 26) ist von einer „Lichterscheinung" die Rede, die Paulus erfährt. Paulus setzt seine Christuserscheinung den wichtigen Christuserscheinungen anderer Jünger vor ihm gleich (1 Kor 15,3–8). Die Mehrheit der Forscher folgert aus dieser Gleichsetzung, dass alle Christuserscheinungen „Lichterscheinungen" waren. Wenn Apg 9 auf einen historischen Kern zurückgeht, ist das durchaus möglich. Das NT führt Namen von Menschen an, die eine Christuserscheinung erlebt haben (1 Kor 15,5–8; Joh 20,11–18 z. B.). Über die konkrete Inhaltlichkeit dieser Erscheinungen äußern sich die Erzählungen sehr zurückhaltend.

Eine Debatte wird in der Forschung darüber geführt, vor welcher Person die erste Erscheinung des Auferstandenen, die so genannte „Protophanie", stattgefunden hat. Einige Forscher vertreten die Meinung, dies sei die Erscheinung vor Maria von Magdala gewesen. So berichten Mk 16,9–11, Mt 28,1.9f und Joh 20,11–18. Andererseits sind diese Texte recht spät entstanden. Der Schluss des Markusevangeliums (Mk 16,9–20) stammt wohl erst aus dem 2. Jahrhundert. Auch die Stellen im Matthäus- und im Johannesevangelium, die Maria von Magdala die Protophanie zuschreiben, gehören nicht zum frühesten Bestand der Überlieferung. Die Mehrheit der Exegeten geht davon aus, dass Petrus der erste der Osterzeugen gewesen ist. Die älteste Liste der Auferstehungszeugen, die Paulus überliefert (1 Kor 15,5–8), nennt ihn an erster Stelle und erwähnt Maria von Magdala überhaupt nicht. Das kann aber auch damit zusammenhängen, dass Frauen nach jüdischem Recht vor Gericht keine vollgültigen Zeugen waren. Jedenfalls war für die Urkirche die wohl wichtigste und grundlegende Christuserscheinung das Erscheinen des Auferstandenen vor Petrus. Sie ist nur als Tatsache überliefert (1 Kor 15,5): „Christus erschien dem Kephas (= Petrus).“ Von einem Inhalt dieser Ersterscheinung oder einer Sendung, die in diesem Zusammenhang erfolgte, wird nichts erzählt. Manche Forscher behaupten, dass in Mt 16,16–18 („Du bist der Felsenmann, und auf diesen Felsen werde ich meine Kirche bauen…“) und Joh 21,15–17 („Weide meine Schafe…“) – die letztgenannte Szene wird als ein Wort der Auferstandenen, aber eben nicht in einer Ersterscheinung überliefert – Reste von Protophanieerzählungen enthalten sind. Aber das ist in der Forschung umstritten.

Die Auferstehung ist keine Rückkehr ins irdische Leben

Ganz anders als die in biblischen Wundererzählungen vorgestellten Totenerweckungen durch Elija (1 Kön 17,17–24), Elischa (2 Kön 4,18–37), Jesus (Mk 5,21–43; 7,11–17; Joh 11,1–44), Petrus (Apg 9,36–42) und Paulus (Apg 20,7–12) ist die Auferstehung keine Rückkehr ins irdische Leben. Sie stellt vielmehr nach dem Zeugnis des NT den Beginn eines neuen, unzerstörbaren, ewigen Lebens bei Gott dar: „Wir wissen, dass Christus, von den Toten auferweckt, nicht mehr stirbt; der Tod hat keine Herrschaft mehr über ihn; denn was er gestorben ist, das ist er … ein für allemal gestorben, was er aber lebt, das lebt er für Gott“ (Röm 6,9f; vgl. Apg 13,34).

Was ist historisch-kritisch über das Geschehen der Auferstehung aussagbar?

Da nicht ernsthaft angenommen werden kann, dass irgendwo eine Photographie oder ein Filmbericht des Auferstehungsvorganges existiert, und da bis heute kein Gegenbeweis vorgelegt wurde (etwa ein Grab mit den Gebeinen Jesu

o. ä., auch nicht in Kashmir), ist das heute einzig historisch zu erreichende Faktum der Osterglaube der ersten Jünger und Jüngerinnen. Die spekulative Frage, ob ein Filmteam damals tatsächlich etwas hätte aufnehmen können, ist von den Quellen her nicht beantwortbar. Damit hängt die Frage zusammen, ob das Grab leer war. In der Forschung ist gezeigt worden, dass in der damaligen jüdischen Vorstellung die Auferstehung nicht notwendig mit dem Faktum eines leeren Grabes gekoppelt sein muss. König Herodes Antipas glaubt nach Mk 6,14, Jesus sei der Täufer Johannes, der „von den Toten auferstanden" sei, obwohl seine Jünger ihn in ein Grab gelegt hatten (Mk 6,29). Davon, dass das Grab Johannes' des Täufers leer gewesen sei, ist keine Rede. Jesus selbst erklärt, dass Abraham, Isaak und Jakob als Auferstandene bei Gott seien (Mk 12,26f), obwohl ihre Gräber bekannt waren und verehrt wurden. Nach römisch-katholischer Glaubensüberzeugung, die auch von anderen christlichen Kirchen geteilt wird, wird erklärt, dass bestimmte Menschen, die so genannten „Seligen" und „Heiligen", schon jetzt bei Gott sind (und z. B. individuell in einer Bitte um ein Fürbittgebet angerufen werden können), obwohl ihre Gebeine sich noch in den jeweiligen bekannten Grablegen befinden.

Manchmal wird in der theologischen Diskussion seit der Aufklärung gesagt, die Auferstehung Jesu könne nicht unter Aufhebung der physikalisch-biologischen Gesetze vorgestellt werden, weil Gott grundsätzlich nie so handle und der „Sonderfall" Jesu in die uns vertrauten naturgesetzlichen Gesetzmäßigkeiten eingeordnet werden müsse. Das hier ausgedrückte Gottesbild nennt man „Deismus", den „Uhrmachergott" der Aufklärung. Gott habe die Welt erschaffen und sie dann sich selbst überlassen, behauptet die Philosophie der Aufklärung, so wie ein Uhrmacher die von ihm geschaffene Uhr aufziehe, so dass das ablaufende Uhrwerk nicht mehr auf sein Eingreifen angewiesen sei. Diese Position weiß mehr, als die Quellen, die stets von einem leeren

Grab sprechen, hergeben. In jüngerer Zeit haben einige Theologen die Auffassung vertreten, das leere Grab sei ein wichtiges Verstehensmodell der Auferstehung, weil es eine rein psychologische Erklärung der Erscheinungen Christi als bloße Halluzinationen in Frage stelle. Der katholische Exeget *Jacob Kremer* (Die Osterevangelien. Geschichten um Geschichte, Stuttgart 1977, 18.49), der selbst die Existenz des leeren Grabes für historisch hält, hat argumentiert, dass die Osterbotschaft auch „ernsthaft" verteidigt werden könne, wenn die Existenz des leeren Grabes bestritten werde. Die Debatte diskutiert weithin Wahrscheinlichkeiten. Die historisch redlichste Auskunft ist, dass uns zu wenig Informationen über den Auferstehungsvorgang zugänglich sind, als dass wir eine objektive und wissenschaftlich nachprüfbare Aussage über ihn machen könnten.

Was hat den Glauben an die Auferstehung ausgelöst?

Historisch greifbar ist der Stimmungswechsel der Jüngergemeinde. Der Tod Jesu am Kreuz (und damit der Tod eines Verbrechers) war für die Jünger die absolute Katastrophe ihrer Hoffnungen. Doch ab einem bestimmten Zeitpunkt beginnt eine öffentliche und nicht ungefährliche Verkündigung der Auferstehung und Erhöhung Jesu. Es beginnen die Gründung urchristlicher Gemeinden und eine geradezu stürmische Entwicklung des Nachdenkens über die Person Jesus von Nazaret, die dann sehr bald zu Aussagen über sein enges Verhältnis zu Gott kommt. Anders gedrückt: Es entsteht eine ausgeprägte Lehre von Jesus dem Christus („Christologie"). Wie erklärt sich dieser Bewusstseinswandel der Jünger? Es muss sich etwas ereignet haben, was in kurzer Zeit nicht nur einen völligen Umschwung ihrer Stimmung hervorrief, sondern sie auch befähigte, wieder und verstärkt für die Lehre und Person Jesu von Nazaret einzutreten – trotz des Widerstandes, den diese Verkündigung in der zeitgenössischen Gesellschaft auslöste. Dieses „Etwas" ist der historische Kern, der die Rede von der Auferstehung bewahrheitet, und der historische Inhalt des Osterglaubens.

Was ergibt sich aus den Osterberichten für die Einschätzung Jesu von Nazaret?

Der Inhalt des Osterglaubens, also der Überzeugung, dass der Gekreuzigte auferstanden sei, besteht aus einer Aussage über Jesus von Nazaret: Gott macht den Gekreuzigten wieder lebendig. Der vorösterliche, irdische, gekreuzigte Jesus wird weiterhin identifiziert mit dem jetzt bei Gott thronenden, erhöhten Herrn, der bei Gott unser gegenwärtiger Mittler und Fürsprecher ist (z.B. Hebr 7,25). Nach dem Verständnis des NT sind damit die „letzten Tage" angebrochen, beginnt nun die Eschatologie. Der auferweckte Jesus ist der erste in einer Reihe (1 Kor 15,23), der „Erstling der Entschlafenen" (1 Kor 15,20). Abgeschlossen wird die Auferstehung Jesu, wenn Sünde und Tod endgültig vernichtet sind (Jes 25,8; 1 Kor 15,25f), d.h. in der Auferstehung der „vielen Brüder" und Schwestern Jesu (Röm 8,29) und in der Befreiung der verlorenen und geknechteten Schöpfung (Röm 8,21f). Jesus von Nazaret wird also als Wendepunkt der Menschheitsgeschichte und als Beginn der endgültigen Erlösung der Menschheit und der Schöpfung dargestellt. Er sprengt alle menschlichen Kategorien, so dass das Bekenntnis Röm 10,9 gerechtfertigt ist: „Jesus ist der Herr".

In der katholischen Theologie gibt es zwei Positionen dazu, wie diese Einsicht gewonnen werden kann (bzw. von den Jüngern gewonnen worden ist):

(1) Die traditionelle These begründet dieses Bekenntnis in den Ostererfahrungen der Jünger. Aufgrund der Christuserscheinungen haben die Jünger den irdischen Jesus im Licht des auferstandenen Herrn gedeutet. Sie haben begriffen, dass er der Herr ist, weil er auferweckt wurde.
(2) Seit etwa 1977 vertritt *Hansjürgen Verweyen* im Verbund mit einigen anderen Autoren die Meinung, dass

der irdische Jesus, d. h. seine Botschaft und sein Leben einschließlich seines Sterbens, der eigentliche Grund des Christusbekenntnisses war. Die Jünger haben in dieser Sicht schon während des Lebens des irdischen Jesus die Gleichung Röm 10,9 vollzogen. Die Ostererscheinungen sind demnach eher zweitrangig und für die Einschätzung Jesu auch gar nicht so bedeutsam. Eine breite Zustimmung hat Verweyen mit dieser These allerdings nicht gefunden.

6. Die Bedeutung Jesu von Nazaret für die heutige Zeit

Welche Bedeutung hat Jesus von Nazaret? Die Antwort auf die Frage hängt davon ab, wie man die Gleichsetzung des Paulus und der Evangelien beurteilt: „Jesus von Nazaret ist der auferstandene und erhöhte Herr." Ist Jesus ein wichtiger und durch sein Leben und seine Lehre einflussreich gewordener Mensch, der aber nach seinem Tod nur noch Gegenstand der (unter Umständen respektvollen und/oder liebenden) Betrachtung und Erinnerung ist? Oder ist Jesus von Nazaret auferstanden, so dass er heute noch an denen, die an ihn glauben, und in der Menschheit insgesamt eigenständig handelt? Außerhalb des Christentums wird allenfalls die linke Seite der Gleichung zu einem Thema. Im 20. Jahrhundert haben manche jüdischen Autoren (*Schalom Ben-Chorin*, *Pinchas E. Lapide*) Jesus als eine bedeutsame Gestalt innerhalb der jüdischen Religion entdeckt. Das Motto hatte *Martin Buber* vorgegeben. Für ihn ist Jesus der „große Bruder" (im jüdischen Glauben) und neben Sokrates, Buddha und Laotse eine der größten Persönlichkeiten der Menschheitsgeschichte.

Für den Islam ist Jesus einer der wichtigsten Propheten Gottes vor Mohammed. Geboren ist er in einer wunderbaren Geburt durch Gottes Eingreifen aus der Jungfrau (!) Maria (Sure 19,16–22; 21,91). Sure 3,59 nennt Jesus den einzigen Menschen neben Adam, der keinen Vater hatte. Nach dem Koran hat Jesus auch Wunder getan, die er „mit Gottes Erlaubnis" (Sure 3,49; 5,110) vollbringt. Kennzeichnend für das Gottesbild des Islam, das davon ausgeht, dass ein Gesandter Gottes in dieser Welt seinen Auftrag erfüllen wird, ist die Leugnung der Kreuzigung Jesu im Koran. Sure 4,157f erklärt, die Juden hätten sich bei der Kreuzigung Jesu getäuscht: „Sie haben ihn aber nicht getötet, und sie haben ihn nicht gekreuzigt, sondern es erschien ihnen eine ihm ähnliche Gestalt. ... Und sie haben ihn nicht mit Gewissheit getötet, sondern Gott hat ihn zu sich erhoben". Die Deutung der Stelle ist umstritten. Gedacht ist vielleicht an einen Scheinleib oder an einen Doppelgänger (Simon von Cyrene?). Jesus ist von Gott unmittelbar (ohne Kreuz und ohne Tod) in den Himmel erhoben worden – und er wird am Tag der Auferstehung und des Gerichts vor Gott Zeugnis ablegen (Sure 4,159).

Im indischen außerchristlichen Denken ist in den letzten zweihundert Jahren allmählich ein Interesse an Jesus gewachsen. Wichtig geworden sind hier Vertreter von Reformbewegungen in der indischen Religiosität („Reformhinduismus"), die durch den Kontakt mit dem christlichen Denken entstanden sind. Zu nennen sind besonders *Ramakrishna Paramahamsa* (†1886) und sein Schüler *Swami Vivekananda* (†1902), *Mahatma Gandhi* (†1948) und *Radhakrishnan Sarvepalli* (†1978). Gandhi hat Jesus als den entscheidenden Lehrer der Gewaltlosigkeit beschrieben. Jesus ist für ihn das herausragende Beispiel eines Menschen dafür, wie das eigene Leben gewaltlos bestanden werden kann, und das Kreuz ist das Zeichen des Sieges des Guten über das Böse. Diese Denker finden in Jesus wesentliche Züge einer religiösen Wahrheit, die durchaus Göttliches zum Ausdruck bringe, allerdings in der indischen Religiosität am deutlichsten überliefert werde. Bemerkenswert ist das Desinteresse an der Gestalt des historischen Jesus. „Jesus" ist auch dann ein großer Lehrer, wenn er historisch gar nicht gelebt hat. Gandhi hat dies so ausgedrückt (zitiert nach *Stanley S. Samartha,* Hindus vor dem universalen Christus. Beiträge zu einer Christologie in Indien, Stuttgart 1970, 97): „Ich darf sagen, der historische Jesus hat mich nie beschäftigt. Es würde mich nicht einmal kümmern, wenn jemand nachgewiesen hätte, dass ein Mensch mit Namen Jesus nie gelebt habe und dass das, was in den Evangelien erzählt wird, vom Schreiber kraft seiner Einbildung erdichtet worden sei. Die Bergpredigt bleibt für mich dennoch immer wahr."

Neuere Philosophen des Westens, die allesamt keine Christen waren, haben ebenfalls die Bedeutung Jesu unterstrichen. Für *Karl Jaspers* (†1969) (Die großen Philosophen, München 1957; Taschenbuchausgabe: 1988) ist Jesus mit Sokrates, Buddha und Konfuzius einer der „maßgebenden Menschen", weil er darauf aufmerksam mache, dass die Welt nicht das Zuhause des Menschen sei. Die neomarxistischen Denker *Ernst Bloch* (†1977) und *Milan Machovec* haben vor allem Jesu Einsatz und Parteilichkeit für die Armen und die, die „unten" leben, d.h. die Erniedrigten, Leidenden, Versklavten und Unterdrückten, hervorgehoben. Alle diese mitunter ausgesprochen positiven Stimmen zu Jesus kommen darin überein, dass die Geschichte Jesu abgeschlossen ist. Wenn die „Sache Jesu" weitergeht, dann ist in diesem Geschehen Jesus selbst nur durch die Erinnerung an ihn und seine Lehre lebendig.

Das christliche Bekenntnis dagegen verkündet, dass der irdische Jesus von Nazaret durch die Auferstehung weiterlebt und -wirkt. Paulus vergleicht die Auferstehung mit dem Akt der Schöpfung der Welt durch Gott (Röm 4,17: „Gott, der die Toten lebendig macht und das, was nicht ist, ins Dasein ruft"). Wenn man den Gedanken weiterführt, kann man sagen: Der Schöpfungsakt wie der Auferstehungsvorgang sind beide nicht von menschlichen Beobachtern wahrgenommen worden, aber beide haben überprüfbare Folgen. Für das Geschehen der Schöpfung ist das einsichtig. Im Falle des Auferstehungsvorganges kann man die Existenz des leeren Grabes, die allerdings, wie gesagt, von einigen Theologen angezweifelt wird, und auf jeden Fall die Christuserscheinungen (als „objektive" Erscheinungen) als die Erstfolgen und die Erfahrungen des Auferstandenen in der Christentumsgeschichte als die Zweitfolgen des Auferstehungsgeschehens bezeichnen.

Wie ereignen sich solche Erfahrungen des Auferstandenen? Der katholische Fundamentaltheologe *Max Seckler* (in: Handbuch der Fundamentaltheologie. Band 2: Traktat

Offenbarung, hrsg. von *Walter Kern* u. a., Tübingen [2]2000, 43–48), unterscheidet drei Weisen, wie das Geschehen der Offenbarung, d. h. der Mitteilung göttlicher Wahrheit, vorgestellt werden kann.

(1) *Das „epiphanische" Offenbarungsverständnis.* Das griechische Wort „Epiphanie" meint das Erscheinen von Gott oder Göttlichem. Nicht die Belehrung oder die Mitteilung von Sätzen und die Information über Gott sind der entscheidende Zug dieses Offenbarungsverständnisses, sondern das überraschende Erscheinen Gottes in der Weltwirklichkeit. Gott zeigt sich, seine Herrlichkeit. Das Johannesevangelium drückt das im Blick auf Jesus so aus (Joh 1,14): „Das Wort ist Fleisch geworden und hat unter uns gewohnt, und wir haben seine Herrlichkeit (!) gesehen (!)…".

(2) *Das „instruktionstheoretische" Offenbarungsverständnis.* Mit diesem Wort meint Seckler eine Offenbarungsvorstellung, derzufolge das Wesen von Offenbarung in der Mitteilung von Sätzen im Sinne einer theoretischen Belehrung (Instruktion) über göttliche Wahrheiten besteht. Jesus ist dann ein göttlicher Lehrer, der diese Wahrheiten den Jüngern und durch sie der Menschheit mitteilt. Die Bibel, konkret das NT, enthält diese Wahrheiten, die in dem Überlieferungsprozess weitergegeben werden.

(3) *Offenbarung als „Selbstmitteilung Gottes".* Es fasst die eben genannten beiden Modelle zusammen. Gott teilt sich selbst mit, durch sein Wort und durch das Handeln des Sohnes Gottes. Der Mensch bekommt also nicht nur Informationen von und über Gott, sondern erhält Anteil an seinem Leben und erfährt Gemeinschaft mit ihm.

Welche Bedeutung hat nun Jesus von Nazaret für das heutige Christentum? Das stellt sich – je nach dem verwendeten Offenbarungsverständnis – sehr unterschiedlich dar.

(1) Im „epiphanischen“ Offenbarungsmodell
ist das Erscheinen Gottes in Jesus von Nazaret wichtig. Hier spielt das göttliche Element in Jesus die entscheidende Rolle. Die neutestamentlichen Autoren versuchen das zögerlich-tastend in vielfältigen Formen zum Ausdruck zu bringen, wenn sie von Jesus als dem „Messias“, dem „Davidssohn“, dem „Gottessohn“ und dem „Herrn“ sprechen. Im Grunde erschließt sich im Leben, im Sterben und in der Auferstehung Jesu „nur“ das bleibende Geheimnis Gottes, das ausschließlich im Glauben (*Karl Barth*), im Staunen angesichts der unfassbaren Herrlichkeit Gottes (*Hans Urs von Balthasar*) und im verstummenden Schweigen vor dem unbegreiflichen Wesen Gottes (*Karl Rahner*) in den Blick gerät.

(2) Das „instruktionstheoretische“ Offenbarungsmodell
stellt die Botschaft in den Mittelpunkt, die durch Jesus verkündigt worden ist. Natürlich ist diese Botschaft in der Sprache und Begrifflichkeit einer bestimmten Zeit und einer konkreten Gesellschaft und in der Sichtweise einer vergangenen Kultur ausgedrückt, aber sie enthält eine maßgebliche, überzeitliche Wahrheit, die jeden Menschen vor die Entscheidung stellt. Genannt werden in diesem Zusammenhang meist die Weisungen der „Bergpredigt“. Damit gibt Jesus auch Informationen (im Sinne einer Lehre) über Gott und sein Verhältnis zum Menschen und über das daraus entspringende richtige Verhalten des Menschen Gott und dem Mitmenschen gegenüber. In diesem Verständnis von Offenbarung ist es entscheidend, dass es gelingt, die authentische Stimme Jesu, seine ureigene Botschaft, aus den verschiedenen Schichten der Überlieferung und den neutestamentlichen Berichten und Erzählungen herauszuarbeiten. Was dann als Aussage Jesu eindeutig feststeht, ist auch heute noch für Menschen, die sich auf den Weg der Nachfolge Jesu begeben, verbindlich.

(3) Das Modell der Offenbarung als „Selbstmitteilung Gottes“

nimmt die Aussage der Auferstehung ernst. In den Worten und Taten Jesu hat sich Gott selbst den Menschen mitgeteilt. Das geschah in einer Geschichte. Das Drama des Lebens Jesu spielte sich nicht wie in einem Bühnenstück ab, in dem alle Schauspieler nach einem vorgegebenen Text und mit präzisen Regieanweisungen ihre Rolle verkörpern, so dass der Ausgang des Stückes von Anfang an feststand. Jesus hat um die Zustimmung und den Glauben des jüdischen Volkes, dem er angehörte, gerungen. Der Tod Jesu am Kreuz zeigt, wie Gott in dieser Welt handeln will – und wie sehr Gott die Entscheidung und die Freiheit der Menschen respektiert. Die Botschaft der Auferstehung Jesu lautet, dass mit dem Kreuz die Geschichte des Wirkens Gottes durch die Person Jesu nicht zu Ende ist. Der christliche Glaube legt das Bekenntnis ab: Der irdische und gekreuzigte Jesus von Nazaret ist der Auferstandene und Erhöhte. Der erhöhte Herr spricht auch heute noch zu den Jüngern und Jüngerinnen und den Menschen, handelt in der Welt und ringt in einer Geschichte, deren Ausgang nicht in allen Einzelheiten vorprogrammiert ist, um den Glauben und die Zustimmung der Menschen. Durch das Handeln des Auferstandenen wird in Einzelfällen die wahre Bedeutung eines Wortes oder einer Tat des irdischen Jesus neu erkannt. Dabei widerspricht der Auferstandene nicht dem irdischen Jesus, aber er verdeutlicht ihn unter Umständen. Das christliche Bekenntnis spricht von der bleibenden Identität auch in der Sache zwischen Jesus von Nazaret und dem auferstandenen Herrn. Zwei Beispiele:

Der Zwischenfall in Antiochia

Der irdische Jesus hat als Jude nie mit Heiden Mahl gehalten. Das ist eine Erkenntnis der historischen Forschung, die von niemandem wissenschaftlich bestritten wird. Um die Mitte der 40er Jahre des 1. Jahrhunderts bricht deshalb ein

Streit in Antiochia aus zwischen Paulus, der den Christen, die früher Juden waren, und den Christen, die früher Heiden waren, die gegenseitige Mahlgemeinschaft als Zeichen ihres Christseins befiehlt, und den Anhängern des Jakobus in Jerusalem, der sagt, Juden dürften nach jüdischem Gesetz nur mit Juden essen (Gal 2,11–21). Petrus stand zwischen den Fronten und wurde deshalb sowohl von den Jakobusleuten wie von Paulus kritisiert (Gal 2,11–14). Die Praxis Jesu war die der Jakobusleute. Anders wäre der Streit gar nicht denkbar. Trotzdem entschied die frühe Kirche, dass es dem Geist Christi entspreche, diese Barrieren nicht mehr aufrechtzuerhalten. Sie berief sich dabei nicht auf ein Wort des irdischen Jesus, sondern auf Erscheinungen und Weisungen des Auferstandenen (z. B. in einer Vision, die Petrus erfährt und auf die er sich bezieht: Apg 10,9–16; 15,14). Mit diesem neuen Blickwinkel sehen die Jünger, dass die Botschaft und das Handeln Jesu in seinem Volk (insbesondere die Mahlgemeinschaften mit den Ausgegrenzten) von ihrer Absicht her die ganze Menschheit einbeziehen.

Kirchenstiftung bzw. Kirchengründung

Es ist heute die katholische Position, wie sie z. B. das 2. Vatikanische Konzil vorlegt, dass der irdische Jesus die Kirche nicht gestiftet (d. h. in einem einzigen, gleichsam rechtswirksamen Stiftungsakt ins Leben gerufen) habe (so wie man einen Verein gründet, indem man eine Stiftungsurkunde von einem Notar beglaubigen oder ihn ins Vereinsregister eintragen lässt), sondern dass er sie durch kirchengründende Handlungen (z. B. Sammlung der Zwölf, Sendung, die Feier des Letzten Abendmahles) angestoßen habe. Der Stiftungsakt der Kirche ist Pfingsten. Die Kirchenväter sprechen deshalb von Pfingsten als dem Geburtstag der Kirche. Pfingsten ist aber ein Geschehen, das nach dem Tod Jesu durch den auferstandenen Herrn und die Sendung seines Geistes bewirkt wird.

Die Schwierigkeit dieses Verständnisses der Bedeutung Jesu von Nazaret für das heutige Christentum liegt allerdings darin, dass durchaus strittig ist, wie der heutige Wille des Auferstandenen erkannt werden kann. Ein Beispiel ist die Zulassung von Frauen zum kirchlichen Amt in den verschiedenen christlichen Kirchen. Der irdische Jesus hat hier kein eindeutiges Wort hinterlassen. Bestimmte Handlungen, die von ihm berichtet werden und die eine gewisse Absicht vermuten lassen, werden unterschiedlich gedeutet. Woraus lässt sich nun der Wille des auferstandenen Herrn ableiten? Ausgangspunkt aller Überlegungen ist die Grundüberzeugung des gesamten Neuen Testaments: Gott ist in Jesus Mensch geworden und so in unsere Geschichte eingetreten. Daraus wird gefolgert: Auch der Auferstandene wirkt durch Menschen in der Geschichte. In der Christentumsgeschichte werden verschiedene Kriterien genannt, an denen abgelesen werden kann, ob eine bestimmte Entscheidung im Leben eines einzelnen Menschen oder in christlichen Gemeinschaften tatsächlich dem Willen des Auferstandenen für heute entspricht. Angeführt werden etwa die Treue zur christlichen Tradition einschließlich der ausdrücklichen Weisungen Jesu und (!) des Auferstandenen, das Bemühen um die Einheit der Jüngergemeinde durch die Jahrhunderte und heute und lebendige Erfahrungen des Geistes Christi. Paulus nennt als „Früchte" einer solchen, vom Geist Christi getragenen Entscheidung: „Liebe, Freude, Friede, Langmut (bzw. Geduld), Milde, Güte, Treue, Sanftmut, Enthaltsamkeit" (Gal 5,22f). Das alles kann an dieser Stelle nicht erörtert werden, denn es handelt sich um ein eigenes Thema, das mit der Frage beginnt: Wie steht der irdische Jesus bzw. der auferstandene Herr zur Gemeinschaft derer, die an ihn glauben? Oder noch kürzer: Was ist Kirche?

Stichwort
Jesus von Nazaret

Der Name Jesus ist die gräzisierte Form des hebräischen Eigennamens Joschua, der nach dem Exil in der Form Jeschua verwendet wurde. Joschua bzw. Jeschua bedeutet „Jahwe (Gott) ist seine Hilfe“ oder „Jahwe der Retter“. Jesus aus Nazaret (Mk 1,9), manchmal auch mit dem Beinamen „der Sohn der Maria“ (Mk 6,3) oder „der Sohn Josefs“ (Joh 6,42), wird wahrscheinlich in den letzten Regierungsjahren des Königs Herodes des Großen († 4 v. Chr) geboren. Er wächst auf in der kleinen galiläischen Siedlung Nazaret. Das hauptsächliche Wirkungsgebiet seiner öffentlichen Predigt, die auf den Zeitraum von ein bis drei Jahren vor seinem Tod beschränkt ist, ist Galiläa. Die letzten dramatischen Situationen seines Lebens spielen sich in Jerusalem ab. Als Termin seiner Hinrichtung (Kreuzigung) durch die römische Besatzungsautorität werden in der Forschung gewöhnlich die Jahre zwischen 28 und 33 n. Chr. genannt.

Die heutige Leben-Jesu-Forschung ist mehrheitlich der Meinung, dass es möglich ist, zu gesicherten historischen Erkenntnissen über Jesus zu kommen. Die ergiebigsten Quellen für die Suche nach dem historischen Jesus sind die synoptischen Evangelien (Mk, Mt, Lk). Jesus selbst ist wohl geprägt von der apokalyptischen Vorstellungswelt des damaligen Judentums, kann aber keiner der zeitgenössischen religiösen Gruppen (Essener, Pharisäer, Zeloten, Sadduzäer) zugerechnet werden. Die Mitte seiner Predigt ist die nahe Ankunft der „Gottesherrschaft“ bzw. des „Reiches Gottes“ (basileia tou theou), von dem er besonders in den Gleichnissen erzählt. In seinem Handeln ist nach seiner Überzeugung schon gegenwärtig, was das kommende Reich Gottes dann endgültig heraufführen wird. Es ist historisch unstrittig, dass er Heilungen und Dämonenaustreibungen (Exorzismen) (und vielleicht auch sogenannte „Naturwunder" wie etwa die Stillung eines Seesturmes) praktiziert hat. Diese „Machttaten" und die Mahlgemeinschaften, die er besonders Menschen am Rande der jüdischen Gesellschaft anbietet, zeigen entsprechend seiner Predigt die Nähe des Gottesreiches. Die radikalen Forderungen seiner Ethik sind vor allem bei Mt und Lk überliefert. Die Kreuzigung ist das Ende seines irdischen Lebens. Das Kernstück des christlichen Glaubens ist die Auferstehung Jesu, die für Paulus die Wahrheit der Gleichung „Jesus ist der Christus bzw. der erhöhte Herr" bewahrheitet (Röm 10,9). Bestandteil des neutestamentlichen Zeugnisses von der Auferstehung Jesu sind die Berichte vom leeren Grab (in allen Evangelien) und von den Ostererscheinungen. Damit beginnt die Entwicklung der Christologie. Sie ist im NT am greifbarsten in dem bekannten Prolog des Johannesevangeliums (Joh 1,1–18), der Jesus von Nazaret mit dem „Wort" (griechisch: Logos) identifiziert, das von Anfang an bei Gott dem Vater war.

Alle neutestamentlichen Schriften sind im Licht des Glaubens an die Auferstehung (des Osterglaubens) geschrieben. Sie formulieren das Bekenntnis: Jesus von Nazaret ist der auferstandene und erhöhte Herr bzw. der Christus (Messias) bzw. der Sohn Gottes. Maßgeblich für das heutige Christentum sind die Glaubensbekenntnisse und Entscheidungen der Konzilien bis zum 5. Jahrhundert, die in allen großen christlichen Kirchen verbindlich sind. Diese sind

- das *„apostolische"* Glaubensbekenntnis (Ende des 2. Jahrhunderts in Rom entstanden):
  „Ich glaube an Gott, den Vater, den Allmächtigen, und an Jesus Christus, seinen einziggeborenen Sohn, unseren Herrn, der geboren wurde aus heiligem Geist und Maria, der Jungfrau …";
- das Glaubensbekenntnis des Konzils von *Nizäa* (325):
  „Wir glauben an den einen Gott, den allmächtigen Vater … Und an unseren einen Herrn Jesus Christus, den Sohn Gottes, als Einziggeborener aus dem Vater geboren …,

der um unseres Heiles willen herabgestiegen und Fleisch und Mensch geworden ist …“;

- das Glaubensbekenntnis des Konzils von *Konstantinopel* (381):
  „Ich glaube an den einen Gott, den allmächtigen Vater … Und an den einen Herrn Jesus Christus, Gottes einziggeborenen Sohn, und aus dem Vater geboren vor allen Zeiten …; er ist wegen uns Menschen und um unseres Heiles willen von den Himmeln herabgestiegen und ist fleischgeworden vom Heiligen Geist aus Maria, der Jungfrau, und ist Mensch geworden …“;
- das Glaubensbekenntnis des Konzils von *Chalkedon* (451):
  „In der Nachfolge der heiligen Väter also lehren wir alle übereinstimmend, unseren Herrn Jesus Christus als ein und denselben Sohn zu bekennen …; derselbe ist der Gottheit nach dem Vater wesensgleich und der Menschheit nach uns wesensgleich, in allem uns gleich außer der Sünde; derselbe wurde einerseits der Gottheit nach vor den Zeiten aus dem Vater gezeugt, andererseits der Menschheit nach in den letzten Tagen unsertwegen und um unseres Heiles willen aus Maria, der Jungfrau (und) Gottesgebärerin, geboren …“

Kleines Wörterbuch

Apokalyptik

Das griechische Wort „apokalypsis“ heißt Offenbarung, Aufdeckung u. ä. Unter Apokalyptik versteht man im Judentum (kennzeichnend dafür ist z. B. das Danielbuch des AT) und im Christentum (im NT trägt die letzte Schrift des Kanons den Titel „Apokalypse“ bzw. „Offenbarung“) eine Weltsicht, die die Geschehnisse vor dem Weltende benennt („aufdeckt“), in einen Geschichtsverlauf bzw. eine Abfolge bringt und damit erlaubt, Aussagen über den Anbruch des Weltendes zu machen. Apokalyptische Aussagen finden sich auch in der christlichen Mystik und bei christlichen Denkern, die vor einer als Zeitenwende empfundenen Situation stehen (Joachim von Fiore, Wladimir Solowjew).

Christologie

Die Rede (logos, logia) von Christus (griechisch: Christos = der Gesalbte). In diesem Buch bedeutet Christologie eine Rede, die Jesus von Nazaret als jemanden identifiziert, der von Gott den Menschen endgültig und entscheidend das Heil bringt. Im Christentum, das (mit dem Judentum und dem Islam) den Glauben an den einen Gott bekennt, heißt das, dass dieser eine Gott in Jesus von Nazaret gehandelt hat und in ihm als dem Auferstandenen heute noch handelt. Apg 2,36 beschreibt das so: „Gott hat ihn (Jesus von Nazaret) zum Herrn und Messias gemacht, diesen Jesus, den ihr gekreuzigt habt.“ Die Christologie ist also eine gläubige Reflexion (als Handeln von Christen) „zweiten Grades“ auf die historische Erscheinung Jesu von Nazaret. Die Quellen der Christologie sind die Schriften des NT, die Glaubensbekenntnisse (das Apostolische Glaubensbekenntnis, das Glaubensbekenntnis der Konzilien von Nizäa und Konstantinopel I, das Glaubensbekenntnis des Athanasius) und die Entscheidungen der großen Konzilien (Kirchenversammlungen) der Christentumsgeschichte (besonders Nizäa 325; Ephesus 431; Chalkedon 451; Konstantinopel II 553; Konstantinopel III 681).

Eschatologie

Die Rede von den „letzten Dingen“ (griechisch: „eschata“). Theologisch (und christlich) werden mit diesem Begriff Glaubensvorstellungen beschrieben, die einerseits das Ende des Einzelmenschen (Auferstehung, Gericht usw.) und andererseits die Geschehnisse des Weltendes insgesamt (göttliches Gericht über die Menschheit usw.) betreffen. Man unterscheidet eine „futurische" (zukünftige) (diese Ereignisse geschehen in der Zukunft) von einer „präsentischen" (gegenwärtigen) (diese Ereignisse beginnen schon in der Gegenwart bzw. die Gegenwart bestimmt diese künftigen Ereignisse mit) Eschatologie.

Exegese

Das griechische Wort „Exegesis" heißt Erklärung, Auslegung usw. Die Exegese ist eine wissenschaftliche Disziplin in der Theologie, die mit wissenschaftlichen Methoden (und im Gespräch mit der Literaturwissenschaft, der Philologie und den Sprachwissenschaften, der Geschichtswissenschaft, den Religionswissenschaften, der Archäologie usw.) versucht, den historischen und theologischen Sinn von Aussagen und Schriften des AT und des NT zu erheben.

Kanon

Das griechische Wort „Kanon" bedeutet Richtschnur, Maßstab, Norm usw. Den Kanon des NT bilden die 27 (kanonischen) Schriften, die etwa seit dem 4. Jahrhundert in den christlichen Gemeinden als Maßstab für den christlichen Glauben feststehen, wenn auch immer wieder danach versucht wurde, einzelnen Schriften die „Kanonizität" zu bestreiten. Martin Luther hat sich z. B. kritisch geäußert über den Jakobusbrief. Wichtig sind v. a. die Schriften des Paulus und die vier Evangelien, nämlich das Evangelium des Matthäus (Mt), des Markus (Mk), des Lukas (Lk) und des Johannes (Joh). Da die drei erstgenannten Evangelien in der Darstellung vieles ähnlich darstellen (in einer „Synopse", also einer Zusammenschau), heißen sie Synoptiker. Frühchristliche Schriften, die nicht in den Kanon aufgenommen wurden, heißen „apokryph" (von dem griechischen Wort „apokryphon" = Verborgenes).

Kerygma

Das griechische Wort heißt Verkündigung, Predigt, manchmal auch Botschaft. In der Theologie wird damit die von Jesus von Nazaret, seinen Jüngern oder autorisierten Boten vorgetragene Verkündigung bezeichnet, deren Inhalt das Evangelium (griechisch: „die gute Nachricht") der Ankunft bzw. Nähe des Gottesreiches (der „basileia tou theou") ist.

Messias

In den (späteren) Schriften des AT erscheint die Vorstellung eines individuell gefassten Heilbringers, der am Ende der Zeiten von Gott gesandt wird. Er trägt den Titel „Messias“ (Gesalbter, griechisch: „Christos“). Die Qumran-Gemeinde erwartete sogar drei „Messiase“. Das Kommen des Messias ist in der traditionellen jüdischen Gedankenwelt das Zeichen, dass die Endzeit der Geschichte angebrochen ist. In der praktischen Frömmigkeit fließen in diese Gestalt Erinnerungen an die verklärte Königsherrschaft Davids ein. Besonders die Propheten (Jes 9,5f; 11,1–12; Jer 23,5; Mi 5,1f) und die Psalmen (Ps 2; 110) beschreiben den Messias deshalb als „Sohn Davids“.

Weiterführende Werke

Die Literatur zu Jesus von Nazaret ist uferlos. Allein die wichtigsten wissenschaftlichen Jesus-Bücher der letzten Jahrzehnte aufzuführen, würde einen recht umfangreichen Artikel ausmachen. Die folgenden Werke können eine kleine Einführung geben. Sie enthalten jeweils auch Angaben über weitere Veröffentlichungen.

Jürgen Becker, Jesus von Nazaret. Verlag Walter de Gruyter, Berlin 1996.
Dieses Jesus-Buch des evangelischen Wissenschaftlers entstammt dem akademischen Schulbetrieb. Das zeigt sich in der Darstellung, die vielleicht teilweise den theologischen Anfänger überfordert. Trotzdem versucht der Verfasser immer wieder, die wissenschaftlichen Ergebnisse in einer Weise vorzulegen, dass sie z. B. in der Bildungsarbeit fruchtbar gemacht werden können. Die Zusammenschau mit dem Buch von Gnilka zeigt, dass in der wissenschaftlichen Forschung zu Jesus weithin eine ökumenische Übereinstimmung besteht.

Josef Dirnbeck, Die Jesusfälscher. Ein Original wird entstellt. Piper Verlag (Serie Piper 2125), München 1996.
Eine journalistisch recherchierte, auch für den Nichtfachmann verständlich geschriebene Zusammenfassung mehr oder weniger abstruser Irrwege in der Jesus-Darstellung. Als Einführung ist sie recht hilfreich.

Joachim Gnilka, Jesus von Nazaret. Botschaft und Geschichte. Verlag Herder (Herders Theologischer Kommentar zum Neuen Testament. Supplementband III), Freiburg ^{2}1990.
Eine gediegene römisch-katholische Darstellung, die die neuere Literatur berücksichtigt. Besonders hervorzuheben sind die abgewogenen Beurteilungen der Forschungsergebnisse.

Romano Guardini, Der Herr. Betrachtungen über die Person und das Leben Jesu Christi. Matthias-Grünewald-Verlag, Mainz ^{16}1997.
Die Erstauflage des Buches ist 1937 erschienen. Das Buch ist ein Standardwerk für eine Jesus-Darstellung im Sinne einer „Abstiegschristologie". Gegenüber der überwiegenden Mehrzahl der heutigen Jesus-Bücher bietet es eine bedenkenswerte Alternative.

Roman Heiligenthal, Der verfälschte Jesus. Eine Kritik moderner Jesusbilder. Primus Verlag, Darmstadt 1997.
Im Vergleich zu Dirnbeck hat das Buch von Heiligenthal eher einen wissenschaftlichen Anspruch, der aber die Lesbarkeit nicht beeinträchtigt. Der Verfasser zeigt, dass manche sensationell wirkenden Aussagen zu Jesus die historischen Fakten schlicht verfälschen oder reine Phantasieprodukte sind.

Karl Jaroš, Jesus von Nazareth. Geschichte und Deutung. Verlag Philipp von Zabern, Mainz 2000.
Ein verständlich und auch für Nichtfachleute geschriebenes, sehr informatives und mit zahlreichen Abbildungen und zwei Tabellen (mit einer Auflistung staatlicher und religiöser Autoritäten in Palästina zur Zeit Jesu) ausgestattetes Buch. Die Urteile sind in der Regel vertrauenswürdig. In einigen wenigen Punkten schlägt sich der Verfasser allerdings auf die Seite eine Minderheitsmeinung unter den Exegeten.

Albert Schweitzer, Geschichte der Leben-Jesu-Forschung. Verlag J.C.B. Mohr (Paul Siebeck) (Uni-Taschenbücher 1302), Tübingen ^{9}1984.
Das Buch ist ein Klassiker. Die erste Auflage (Tübingen 1906) trug noch den Titel: Von Reimarus zu Wrede. Eine Geschichte der Leben-Jesu-Forschung. Seit der zweiten Auflage (1913) ist der Titel in die heute übliche Fassung geändert worden. Schweitzer gibt eine Bestandsaufnahme vornehmlich der deutschen (und damals international maßgeblichen) Leben-Jesu-Forschung bis zum Beginn des 20. Jahrhunderts und stellt fest, dass sie in ihrem Bemühen gescheitert sei, eine wissenschaftlich gesicherte Biographie Jesu zu schreiben.

Gerd Theißen – Annette Merz, Der historische Jesus. Ein Lehrbuch. Verlag Vandenhoeck und Ruprecht, Göttingen ^{2}1997.
Die beiden Verfasser wollen für Studierende die Ergebnisse der wissenschaftlichen Jesus-Forschung zusammenfassen. Das Buch setzt Grundkenntnisse der Theologie voraus. Am Schluss eines jeden Kapitels werden Aufgaben gestellt, so dass die Leser das gewonnene Wissen auf bestimmte Fragen anwenden können.

Walter P. Weaver, The Historical Jesus in the Twentieth Century 1900–1950. Verlag Trinity Press International, Harrisburg, Pennsylvania 1999.
Der nordamerikanische Wissenschaftler stellt in dem Buch die wichtigsten wissenschaftlichen Veröffentlichungen zu Jesus von Nazaret in der ersten Hälfte des 20. Jahrhunderts vor. Die Arbeit versteht sich als die Fortsetzung der grundlegenden Studie von Albert Schweitzer, legt aber ein viel größeres Gewicht auf die Forschungsergebnisse in den englischsprachigen Ländern.

Register

(Sachen und wichtige Autoren)

Abendmahl 102–105
Agrapha 54f
Allegorie 86
Antithesen 98–100

Berger, Klaus 52; 65
Buber, Martin 37; 109; 126
Bultmann, Rudolf 25; 27–32; 38; 85; 94; 111

Dämonen(glaube) 28f; 90–92

Ehescheidung/Unauflöslichkeit der Ehe 71; 98f
Eidverbot 71; 98
Exorzismen 90–94

Feindesliebe 99
Flavius Josephus 45–47; 59; 65; 91

Gnilka, Joachim 90; 95; 100; 102
Grab 109; 116; 118–120; 122f

Harnack, Adolf von 41; 84
Heilungen 90; 92; 94
Herrschaft Gottes (bzw. Reich Gottes) 17; 22; 24; 28; 35f; 38; 52; 84–86; 88

Jeremias, Joachim 55; 87; 102

Käsemann, Ernst 30–33; 38; 69; 101
Klausner, Joseph 35f; 49
Kreuz 7; 10; 15; 18; 21f; 28; 35; 48; 50; 72; 82

Lehrer der Gerechtigkeit 59; 67
Lüdemann, Gerd 56; 110

Offenbarung 129–131

Passahfest 48; 50; 80; 82; 102; 104

Reimarus, Hermann Samuel 13; 17; 109

Sabbat 47; 60; 64
Schriftgelehrte 64
Schweitzer, Albert 12; 16; 20; 23; 84f
Strauß, David Friedrich 13; 18f; 21; 94; 110

Theißen, Gerd 38f; 96f
Tora 8; 34; 63; 97; 101

Verweyen, Hansjürgen 113; 124f

Weiß, Johannes 24; 40; 84f

Bildnachweis

S. 14: Albert Schweitzer. © Bildarchiv Preussischer Kulturbesitz, Berlin.
S. 61: Luftaufnahme von Qumran (nach: Pictorial Archive – Near Eastern History. Aerial Series, Strip L 13).
S. 76: Das Heilige Land unter römischer Herrschaft. © Carta, Jerusalem. Aus: E.H. Littell/E. Geldbach, Atlas zur Geschichte des Christentums (Brockhaus), Wuppertal 1980 (deutsche Bearbeitung der Karten: Klaus Dieter Schiffelbein).
S. 81: Jerusalem zur Zeit der Kreuzigung Jesu. © Carta, Jerusalem. Aus: E.H. Littell/E. Geldbach, Atlas zur Geschichte des Christentums (Brockhaus), Wuppertal 1980 (deutsche Bearbeitung der Karten: Klaus Dieter Schiffelbein).
S. 83: Kirche des Hl. Grabes, Grabkammer. Foto: John Crook.
S. 117: Piero della Francesca (1410/20–1492), Auferstehung. Pinacoteca Comunale Sansepolcro. © Scala group, Florenz.